DEZEMBER JOURNAL

gestaltet und erzählt von

....

HAZELNUT
HOUSE
Welcome

MIT FREUDIGEM HERZKLOPFEN …

… überreiche ich dieses neue Dezember Journal! Ein kleiner Buchladen im schottischen Edinburgh fällt mir dazu ein. Dort habe ich erfahren, dass es etwas ganz Besonderes sein kann, ein Buch überreicht zu bekommen.

In Seidenpapier eingeschlagen und begleitet von guten Wünschen nahm ich es entgegen. Die Geste der Buchhändlerin hatte dabei etwas Anmutiges, ja beinahe Feierliches. Und sie wirkte noch lange nach, beflügelte meine Schritte draußen auf den Straßen der vorweihnachtlichen Stadt.

Ja, es gibt sie, diese glanzvollen Streiflichter, die unvergesslichen Momente, die wir im Herzen weitertragen. Vor allem die Weihnachtszeit verbinden wir mit vielen solcher persönlichen Geschichten und Erinnerungen. Stellen wir uns das Dezember Journal einfach als große festliche Bühne vor. Hier gibt es viel Raum für Inspirationen. Und welche weihnachtlichen Stücke präsentieren wir? Am liebsten all diese Dinge, die den Zauber dieser Zeit für uns ausmachen. Wir erzählen von Winterreisen und Weihnachtsmärkten, von Lieblingsfilmen und Buchklassikern. Wir beschreiben unsere Familienrezepte und plaudern über festlichen Schmuck. An jedem Tag im Dezember gibt es zu diesen Themen viele Ideen und Anregungen. Sie tragen uns auf eine herrlich entspannte und kreative Weise durch diese schönste Zeit.

Ob handgeschrieben, skizziert, gebastelt oder prächtig ausgemalt: Wir können aktiv auf dieser Bühne mitgestalten oder wir versinken in einem weichen Sessel und schauen zu. So wie es uns gefällt! Ich bin schon jetzt gespannt auf die vielen weihnachtlichen Schätze, die in diesem Journal zusammengetragen werden.

Ich wünsche allen unendlich viel Freude dabei.

Theresa

Wie ist das Wetter heute?
Die Beobachtung ankreuzen

FÜLLER
Geschichten erzählen, Tagträume und Erinnerungen notieren …

BLEISTIFT
Mit Bleistift skizzieren

FINELINER
Zum feinen Zeichnen der Schneekristalle

PINSEL
Mit Aquarell oder anderen beliebigen Farben kolorieren

SCHERE
Viel Freude beim Ausschneiden!

KLEBESTIFT
Hier ist ein Klebestift notwendig

BRUSHPEN
Der sogenannte Brushpen ist perfekt für das Handlettering

Es wird festlich in der Küche

Geliebte Weihnachtsbäckerei

Weihnachtslieder singen

Geschichten lesen

Zeit für mich

THERESAS DEZEMBER JOURNAL PLAYLIST

Ob zum kreativen Gestalten, Geschichtenschreiben oder in der weihnachtlichen Küche, diese Musik sorgt für eine wundervolle Atmosphäre.

https://open.spotify.com/user/theresaskueche

Bühne frei für das Dezember Journal!

Welches weihnachtliche Stück wird denn aufgeführt? Die Bühne gehört dir!

Lass dich überraschen.
Und wann? Tag für Tag im schönsten Monat des Jahres.

Und wie kannst du dem Journal deine eigene Stimme geben? Es ist ganz einfach: Mit der Freude am kreativen Gestalten, mit der Begeisterung für das Geschichtenerzählen und mit dem Wunsch, Zeit für sich selbst zu haben. Welche Zeit? Zeit für deine winterlichen Dezemberträume.

Die kleinen Symbole im Journal können Wegweiser auf der Winterbühne sein. Doch auch hier gilt, der eigene Stil gibt die Richtung vor.

Hinter die festliche Bühne des Journals geschaut

GESCHICHTEN ZAUBERN

WIE ERÖFFNE ICH MEIN KLEINES SCHREIBATELIER FÜR DIESES JOURNAL?

Schreiben kannst du fast überall, darum ist es gut, immer einen Stift in deiner Tasche zu haben. Beginne nicht gleich mit großen Geschichten, sondern vielleicht mit Wörtern, die dir gefallen. Manche Wörter sind wie Schlüssel zu einer Geschichte, sie beflügeln unsere Fantasie. Und vielleicht hast du Lust, noch etwas dazuzukritzeln, einfach so, weil es dir gerade gefällt. Wörter verbinden sich mit kleinen Skizzen, das ist auch eine Erzählweise.

Und es gibt noch etwas ganz Wichtiges, das ist sozusagen der goldene Schlüssel, um deine schönsten Geschichten hervorzulocken. Der Blick auf die weihnachtliche Festbühne zeigt es: Es ist die Atmosphäre, die dich umgibt! Es muss nicht viel Platz sein, aber gestalte dir dein Schreibatelier so, dass du schon eine Vorfreude hast, zu beginnen.

VOM KREATIVEN GESTALTEN

Jeder kennt es, der Dezember ist oft eine sehr betriebsame Zeit. So vieles ist vor dem Fest noch zu erledigen. Wie finde ich dennoch ein Zeitfenster für mein kreatives Gestalten?

Genauso wie beim Schreibatelier gilt auch hier, es muss nicht gleich der große kreative Abend sein. Sondern schon allein das Gefühl, jeden Tag im Dezember eine kurze Verabredung mit sich selbst zu haben, ist ein Glücksmoment.

UND WELCHE UTENSILIEN SIND NOTWENDIG?

Ob in der Küche oder beim Schreiben und Gestalten, eine kleine Grundausstattung genügt schon, um loslegen zu können. Das Credo von Kate Semple, der Illustratorin des Dezember Journals lautet: „Verwendet zum kreativen Gestalten möglichst Dinge, die ihr einfach zur Hand habt!“

SCHREIBWERKZEUGE

- Bleistift mit mittlerem Härtegrad HB.

Der Bleistift 9000 von Faber Castell ist der wohl berühmteste Bleistift der Welt, es gibt ihn schon seit dem Jahre 1905.

- Schreibfüller
- Tinte in Schwarz, Königsblau oder Sepia

Ein Tintenfass aus Glas darf im Atelier einfach nicht fehlen!

- Pinselstift oder auch Brushpen genannt, für Kalligrafie und Handlettering; vgl. S. 4 unten links

Empfehlenswert ist der Pinselstift Tombow GCD-112 WS-BS Brush PEN Fudenosuke mit schwarzer Tinte.

- Eine Metallklammer für das Journal, so sind die Seiten beim Schreiben fixiert.

Für die festliche Zeit sieht eine goldene Klammer besonders dekorativ aus.

- Radiergummi
- Anspitzer

ZUM ZEICHNEN, MALEN UND BASTELN

- Kleiner Aquarellkasten zum Einstieg

Die Aquarellfarben von Schmincke sind ein echter Klassiker und von hoher Qualität

- 2-3 Pinsel von fein bis dick
- Aquarellpapier
- Bleistifte zum Skizzieren
- Wasserfarben
- Deckweiß
- Buntstifte
- Lineal
- Bastelschere mit abgerundeter Spitze für die Kinder
- Büroschere oder Silhouettenschere
- Klebestift
- Lochzange
- Malerkreppband (18 mm) zum Befestigen des Papiers auf der Arbeitsfläche
- ein kleines Tuch
- Fineliner mit wasserfester Tinte zum Zeichnen, perfekt in der Kombination mit Aquarellfarben für die sogenannte „Pen and Wash“-Technik.

Ein Set aus Finelinern in verschiedenen Stärken ist hilfreich. Auch hier sind die Schwarzwälder Stifte die Favoriten, Molotow Blackliner

- eine Auswahl an Papieren zum Basteln

Schönes Papier darf unbedingt gesammelt werden! Dazu gehören nicht nur Geschenkpapiere, sondern auch schlichtes Packpapier und Vintage-Papier vom Flohmarkt.

- eine Auswahl an Stoffbändern
- eine Auswahl an Schnüren
- Washi Paper Tapes, die Klebestreifen aus Papier sind dekorativ und praktisch beim Gestalten eines Moodboards

ZUM ZEICHNEN UNTERWEGS

Wie wäre es, zu einer kleinen Winterreise im Dezember, ein Reisekit zum Gestalten mitzunehmen? Du brauchst dafür nur wenige Utensilien.

- Bleistift
- Fineliner
- Radiergummi
- kleiner Mini-Kasten mit Aquarellfarben
- Papierserviette oder kleines Tuch
- Pinsel mit Wassertank
- kleines Täschchen mit Reißverschluss zum Verstauen der Sachen

Das Gestalten mit Aquarellfarben hat etwas sehr Entspannendes

GIBT ES EIN PAAR TIPPS, DIE DEN EINSTIEG DAZU ERLEICHTERN?

1 Unbedingt mit der Freude am Ausprobieren starten! Zu den Farben im Aquarellkasten eine kleine Farbkarte erstellen und beschriften, so weißt du, wie die jeweilige Farbe auf dem Papier wirkt.

2 Ein Gespür für das richtige Verhältnis zwischen Wasser und Farbe bekommen. Zeichne dir Kreise auf ein Papier und probiere von einer Farbe unterschiedliche Schattierungen aus, von ganz hell transparent bis dunkler.

Um hellere Farben zu bekommen, wird den Aquarellfarben kein Deckweiß hinzu gemischt, sondern man nimmt einfach weniger Farbpigmente.

3 Die Farbe muss leicht mit dem Pinsel auf das Papier zu malen sein. Also nicht zu trocken malen, aber auch nicht zu nass. Nach dem Trocknen des Bildes sollten keine Wasserflecken zu sehen sind.

4 Zwei Gläser mit Wasser zum Malen benutzen. Gerade beim Wechsel von Farben kann der Pinsel zusätzlich in klares Wasser getaucht werden.

5 Ein kleiner, feuchter Lappen daneben liegend ist praktisch, um dem Pinsel eventuell überschüssige Farbe abzustreifen.

6 Ein ganz wichtiger Tipp sind die Lichtpunkte. Wenn du mit Aquarell beginnst, möchtest du vielleicht alles sorgfältig ausmalen. Doch sehr viel natürlicher und lebendiger wirkt das Bild, wenn wir Lichtpunkte frei lassen.

7 Skizziere mit einem Bleistift dein Layout. Welche Motive sollen im Mittelpunkt stehen? Du kannst danach gleich mit dem Aquarellieren beginnen oder zuvor mit einem wasserfesten Fineliner die Linien nachzeichnen. Wenn du in der Stadt vielleicht zum sogenannten „Urban Sketching“ unterwegs bist, so ist die Kombination aus Fineliner und Aquarell einfach perfekt.

Der Duft von Bienenwachs und Tannengrün

Das große, festliche Schmücken zum Advent. Wenn ich darüber nachdenke, so gibt es schon im Spätherbst einen kleinen Auftakt dafür.

Es ist kein bestimmter Tag dafür vorgesehen. Vielmehr ist es eine spürbare Veränderung in der Natur, die mich beginnen lässt.
Die Wildgänse ziehen laut rufend weiter in Richtung Süden. Die Dahlienknollen sind ins Winterquartier gebracht. Der erste Frost hat den Garten in den Schlaf geschickt. In dieser Zeit trage ich erste Zweige mit Flechten ins Haus, trockne letzte Rosen- und Hortensienblüten, schneide Ruten von Weide und Hartriegel und biege sie zu unterschiedlich großen Kränzen. Die Vorahnung auf das Schmücken des Hauses beflügelt meine Gedanken. Am späten Abend blättere ich unter dem Lampenschirm noch in meinen gesammelten Notizen, betrachte die Bilder von Dekorationen, die mir auf meinen Reisen begegnet sind. Oft sind es kleine Skizzen oder Ausschnitte aus internationalen Magazinen. Zu den Dingen, die mich inspirieren, zählen besondere Materialien aus der Natur und Farbkombinationen. Alle Ideen lassen sich ganz einfach in einem Moodboard zusammentragen. Das macht sehr viel Freude!

Und schließlich ist es so weit: Eine Woche vor dem ersten Advent eröffne ich im Hazelnut House meine geliebte Kranz-Werkstatt. Dazu gehören das Feuermachen im Kamin, das Auslegen des Bodens mit Packpapier und das Hereintragen der harzigen Bündel mit Grün. Aus der Küche duftet es nach Punsch und nach den Bienenwachskerzen vor dem Fenster. Ist diese Mischung aus weihnachtlichen Gerüchen nicht das kostbarste Parfüm des Dezembers?

Meine kleine Kranz-Werkstatt

INSPIRATIONEN

FÜR DRINNEN

- ○ Adventskranz auf dem Tisch
- ○ Adventskranz hängend
- ○ Gesteck
- ○ Weihnachtswolke mit Zweigen und Blüten
- ○ Kränzchen am Fenster
- ○ Kleine Girlanden am Fenster
- ○
- ○

FÜR DRAUSSEN

- ○ Weihnachtskranz für die Eingangstür
- ○ Festliche Girlande
- ○ Dekorierte Bäumchen im Topf
- ○ Kleine Töpfe mit Moos und Pinienzapfen
- ○ Tannenzweige mit Zapfen
- ○ Rote Zieräpfel als Winterschmuck
- ○
- ○

SCHÖNSTES GRÜN

- ○ Tanne
- ○ Kiefer
- ○ Arizona-Zypresse
- ○ Eukalyptus
- ○ Buchsbaum
- ○ Olivenzweige
- ○ Mistelzweige
- ○ Stechpalme
- ○
- ○

ZAUBERHAFTES BEIWERK

- ○ Samenstände
- ○ Getrocknete Blüten
- ○ Winterzweige mit Flechten
- ○ Verschiedene Zapfen
- ○ Mediterrane Kräuter
- ○ Nüsse
- ○ Federn
- ○ Getrocknete Orangenscheiben
- ○
- ○

Meine Notizen zum festlichen Schmücken

01. Dezember

Bezaubernd! Von der Liebe zum festlichen Dekorieren ...

Ist es nicht herrlich entspannend, sich am Abend einen Tee aufzugießen und solch einen wundervollen Kranz auszumalen? Verwende einen feinen Rundpinsel und Aquarellfarben. Beginne mit den hellen Tönen, trage danach die dunkleren Farben auf. Achte darauf, nicht alles auszumalen, sondern kleine Lichtpunkte frei zu lassen. Viel Freude beim Kolorieren!

Oh, schöner Dezembermorgen!

Sind wir vielleicht auch im Winterschlaf?
Aufwachen im Winter braucht Zeit.
Kurz der Stille lauschen.
Ein paar Minuten Yoga für mich.
Die Füße in die Filzpantoffeln stecken.
In der Küche eine Kerze ans Fenster stellen.
Den Duft der Kaffeebohnen schnuppern.
Das Geräusch des Wasserkochers hören.
Langsam rührend Porridge kochen und Zimt darüber streuen.
Die Kinder beim Öffnen des
Adventskalenders beobachten.
Sich gemeinsam freuen.
Zum Morgenrot des Himmels die Geschichte
der Engelsbackstube erzählen.
Wenn der erste Schnee ans Fenster fällt,
zusammen jubeln.
Die Vorfreude auf Weihnachten spüren.

02. *Dezember*

Morgenrituale

IN DER ADVENTSZEIT

Erwacht! Von den persönlichen Ritualen in der Frühe erzählen ...

A MOTHER AND HER CHILDREN READING A BOOK
Jessie Willcox Smith
Illustration aus
„When Christmas Comes Around"
British Library, London

Der Sternanzünder

Geht die Abendsonne schlafen,
kommt der Sternanzündemann.
Und der steckt die vielen Sterne
hoch am dunklen Himmel an.
Einer nach dem andern flammt
silberhell auf blauem Samt.
Und inmitten all der Sterne
knipst er an die Mondlaterne.

Horch, die Abendglocken läuten!
Tagwind spricht zum Abendwind:
Freund, das Stündlein hat geschlagen,
da dein Abenddienst beginnt.
Lebe wohl, ich kann nun gehn.
Fange du jetzt an zu wehn!
Und der Sternanzündemann
zieht daheim den Schlafrock an.

MASCHA KALÉKO
(1907–1975)

Abendrituale im Hazelnut House

Wenn es zu dämmern beginnt, die Windlichter
vor dem Haus mit neuen Kerzen bestücken.

Holz für den Kamin hereintragen. Mit Zimt, Nelken
und Sternanis einen Apfelpunsch zubereiten.
Die Kerzen am Adventskranz anzünden.
Den Kindern eine Geschichte vorlesen.
Neue Abenteuer von unserer Weihnachtsmaus
erzählen. Zusammen Kekse backen.
Wunschzettel schreiben. Warm anziehen für einen
kleinen Abendspaziergang.
Am Himmel den Mond und die Sterne betrachten.
Die festlich geschmückte Tanne bei der Kirche
bestaunen. Mit roten Wangen nach Hause gehen.
Schon von weitem den Herrnhuter
Stern leuchten sehen.

Wenn es draußen dunkel wird ...

Es ist Zeit für die abendlichen Rituale. Welche sorgen für abendliches Glück?

Tanzende Papierfiguren

Ziehharmonika falten, Figur aufzeichnen, ausschneiden und die Girlande staunend öffnen!

Diese Technik hat eine lange Geschichte in der Papierwerkstatt und doch ist die Faszination dafür ungebrochen. „Paper doll chain" wird die Bastelidee in England genannt. Wo auch immer sie gebastelt wird, sie ist eine fröhliche Dekorationsidee für die ganze Familie.

ES WERDEN BENÖTIGT:

- ○ Eine Auswahl an Papier (Geschenkpapier, braunes Packpapier)
- ○ Transparent- oder Butterbrotpapier zum Abpausen
- ○ Lineal
- ○ Bleistift
- ○ Kleine Büro- oder Silhouettenschere
- ○ Buntstifte
- ○ Fineliner

SO GEHT ES:

1. Für beide Motive jeweils ein Papierstreifen von 13 cm Höhe in beliebiger Länge zuschneiden.
2. Die Vorlagen für die Figuren „Jo" und „Amy und Laurie" als Muster abpausen.
3. Für die Figur „Jo" die Linie zum Falten auf dem ersten Papierstreifen anzeichnen, dafür 4 cm Breite abmessen. Eine Ziehharmonika in gewünschter Länge falten. Tipp: Je dicker das Papier gefaltet ist, desto schwerer lässt sich die Silhouette der Figur ausschneiden. Besser ist es, eine lange Girlande aus zwei Stücken zusammenzusetzen.
4. Das Muster „Jo" auf der Oberseite der Zierharmonika mit einem Bleistift übertragen, exakt ausschneiden und danach behutsam auseinander falten.
5. Für die Figuren „Amy und Laurie" die Linie zum Falten anzeichnen, dafür 6,5 cm abmessen. Eine Ziehharmonika in gewünschter Länge falten.
6. Das Muster „Amy und Laurie" auf der Oberseite der Ziehharmonika ebenfalls mit einem Bleistift übertragen, exakt ausschneiden und auseinanderfalten.
7. Die Figuren nach Belieben noch bemalen. Für braunes Packpapier ist ein weißer Stift zum Bemalen perfekt. Ob Gesichter, Frisuren oder winterliche Kleidung, alle Ideen sind willkommen!

Papiergirlande „Jo“

Darf ich vorstellen? Das ist die tanzende Papiergirlande „Jo“. Ihren Namen hat sie aus dem Buch „Little Women“ von Louisa May Alcott. Josephine, genannt Jo, ist die talentierte Schreiberin unter den vier March-Schwestern. Die Figur ist ganz leicht auszuschneiden, deshalb eignet sie sich perfekt als Einstieg.

TIPP:
Nicht nur im weihnachtlichen Zimmer, auch auf Geschenken sehen die tanzenden Papiergirlanden zauberhaft aus!

Papiergirlande „Amy und Laurie“

Hand in Hand kommen die nächsten Figuren daher. Und da die weihnachtliche Zeit auch eine romantische Zeit ist, tanzt die March-Schwester Amy mit ihrem Schwarm Laurie durch das Zimmer…

WINTER FLOWERS
Francis Hamel
Öl auf Platte
Privatsammlung

Geh in den Garten

Geh in den Garten am Barbaratag.
Geh zu dem kahlen Kirschbaum und sag:
Kurz ist der Tag, grau ist die Zeit;
der Winter beginnt, der Frühling ist weit.
Doch in drei Wochen, da wird es geschehen:
Wir feiern ein Fest, wie der Winter so schön.
Baum, einen Zweig gib du mir von dir.
Ist er auch kahl, ich nehm ihn mit mir.
Und er wird blühen in seliger Pracht
mitten im Winter in der heiligen Nacht.

JOSEF GUGGENMOS
(1922–2003)

Barbarazweige zum Fest

Streifen wir also durch den Garten am Barbaratag. Der eisige Ostwind der vergangenen Woche hat dafür gesorgt, dass die Bäume und Sträucher noch einmal kräftig durchgekämmt wurden. Kaum ein buntes Herbstblatt ziert die Äste.

In Erinnerung an die heilige Barbara hat sich bis heute der alte Brauch erhalten, winterliche Zweige am 4. Dezember zu schneiden. Sie werden ins Haus geholt und in einer Vase vorgetrieben. Die Bedeutungen des Orakels klingen vielversprechend. Öffnen sich die ersten Blüten zum Weihnachtsfest, soll es ein glückliches neues Jahr werden. In manchen Gegenden werden die Winterblüten im Zimmer auch als Hinweis für eine anstehende Hochzeit gedeutet. Probieren wir doch unser Glück: Zum Vortreiben eignen sich Obstgehölze wie zum Beispiel die Zweige von Kirschen oder Äpfeln. Auch die Ziersträucher wie Forsythien lassen sich mit ein wenig Geduld ganz leicht zum Blühen bringen. Zugegeben, ihr helles Gelb fügt sich nicht so leicht in die winterliche Dekoration ein, hier ist das zarte, frostige Weiß der Kirsche willkommener.

VORTREIBEN VON BARBARAZWEIGEN

- Zweige mit deutlich sichtbaren Knospen auswählen. Falls es im Garten noch keine Minustemperaturen gab, die Schnittzweige bündeln und eine Nacht in die Gefriertruhe legen. So wird der Kältereiz vorgetäuscht.
- Danach die Zweige am unteren Ende mit einer Gartenschere schräg anschneiden, dadurch kann das Wasser besser aufgenommen werden.
- Die Zweige in einer Vase mit lauwarmem Wasser im Zimmer aufstellen. Das Wasser möglichst alle drei Tage wechseln.

Winterschönheiten für das Zimmer

ART DER ZWEIGE:	Garten	Natur	Wochenmarkt
*	○	○	○
*	○	○	○
*	○	○	○
*	○	○	○
*	○	○	○
*	○	○	○
*	○	○	○
*	○	○	○
*	○	○	○
*	○	○	○
*	○	○	○
*	○	○	○

TIPP:
Während des ganzen Winters lassen sich Zweige vortreiben. Besonders schön sind Magnolie und Kastanie.

Kate's Cantuccini

Beim kreativen Gestalten dürfen diese Knusperkekse nicht fehlen. Die englische Künstlerin Kate Semple hat immer ein großes Glas davon in ihrem Atelier.

ZUBEREITUNG: Den Backofen auf 175 °C (Umluft) vorheizen. Ein Backblech mit Backpapier auslegen.

Die Pistazien in einer beschichteten Pfanne so lange rösten, bis sie leicht duften. Danach auf einem Teller abkühlen lassen. Die Schokolade mit einem Messer in kleine Stückchen hacken. Das Mehl, das Salz, das Backpulver, die Mandeln, die gerösteten Pistazien und die Schokolade in einer Schüssel gut vermischen. Die Eier verquirlen, in die Mitte der anderen Zutaten geben und alles mit einem Kochlöffel vermischen. Zuletzt den Teig mit der Hand kräftig zusammenkneten.

Den Teig halbieren. Auf einer leicht bemehlten Arbeitsfläche zwei Teigplatten je 6,5 cm breit und 21 cm lang ausrollen. Die Platten auf das Backblech legen, mit dem leicht verquirlten Eiweiß bestreichen und etwa 20 Minuten im heißen Ofen goldbraun backen. Danach etwas abkühlen lassen und schräg in 1,5 cm breite Stücke aufschneiden. Den Backofen auf 80 °C herunterschalten. Die Cantuccini auf dem Blech verteilen und 30 Minuten im Ofen trocknen lassen. Danach das Gebäck umdrehen und weitere 30 Minuten trocknen lassen. Die Cantuccini auf einem Kuchengitter auskühlen lassen und in einem verschließbaren Glas aufbewahren, damit sie knusprig bleiben.

ZUTATEN FÜR ETWA 30 STÜCK:

40 g gehackte Pistazien
40 g Schokolade (70 % Kakaoanteil)
225 g Dinkelmehl, Type 630
1 Prise Meersalz
1/2 TL Weinsteinbackpulver
20 g gemahlene Mandeln
2 Eier, Größe L

ZUM BESTREICHEN:

1 Eiweiß

Backpapier für das Backblech
etwas Dinkelmehl für die Arbeitsfläche

TIPP:
Als Variante die Schokolade durch getrocknete Aprikosenstückchen ersetzen.

Kürbiskernkipferl

Diese Kipferl sind schnell geformt und schmecken herrlich zum Adventskaffee.

ZUBEREITUNG: Für den Kipferlteig zuerst die Kürbiskerne fein mahlen und in eine Rührschüssel geben. Das Mehl, den Rohrohrzucker und das Salz hinzufügen. Die Butter in Würfel schneiden, dazugeben und alles mit der Hand fein zerkrümeln. Danach alle Zutaten rasch zu einem Teig zusammenkneten.

Auf einer bemehlten Arbeitsfläche den Teig halbieren und jeweils zu einer 3 cm dicken Rolle formen. Etwa 1 cm breite Scheiben abschneiden. Mit den Fingerspitzen die Scheiben zusammendrücken und zu halbrunden Kipferln formen. Ein Backblech mit Backpapier auslegen. Die Kipferl auf das Blech setzen und 15 Minuten kühlen.

Den Backofen auf 160 °C (Umluft) vorheizen und die Kipferl etwa 15 Minuten backen. Danach auf einem Gitter auskühlen lassen und dann weitere 5 Minuten bei 160 °C backen. So werden sie schön knusprig. Zum Schluss mit einem winzigen Hauch Puderzucker bestäuben.

ZUTATEN
FÜR ETWA 50 STÜCK:

100 g Kürbiskerne
150 g Dinkelmehl, Type 630
50 g heller Rohrohrzucker
1 Prise Meersalz
120 g kalte Butter

ZUM BESTÄUBEN:
etwas Puderzucker

etwas Dinkelmehl für die Arbeitsfläche
Backpapier für das Backblech

TIPP:
Die Kürbiskerne lassen sich in einem Multimixer sehr fein mahlen.

EIN LIEBLINGSREZEPT VON:

ZUTATEN

MENGE

SO WIRD'S GEMACHT:

Zum heiteren Vortragen

Nikolaus, du guter Mann,
klopfst an alle Türen an.
Bring mir Nuss und Mandelkern,
das essen alle Kinder gern.

Ach, du lieber Nikolaus,
komm ganz schnell in unser Haus.
Hab so viel an dich gedacht!
Hast mir doch was mitgebracht?

NÜSSEKNACKEN

Holler, boller, Rumpelsack,
Niklas trug sie huckepack,
Weihnachtsnüsse gelb und braun,
runzlig, punzlig anzuschaun.
Knackt die Schale, springt der Kern:
Weihnachtsnüsse ess ich gern.
Komm bald wieder in dies Haus,
alter guter Nikolaus!

ALBERT SERGEL
(1876-1946)

Komm in unser Haus!

Warum trägt der Nikolaus Papas Schuhe? Von süßen Erinnerungen berichten ...

Die erste frostige Nacht hat eisige Blüten gezaubert …

Beginne schwungvoll mit einem weißen Stift dein Winterglück zu zeichnen.

Geliebte Bücher für lange Winterabende

„Welcome book lover, you are among friends!"

Diese Worte der Begrüßung sind unweigerlich verbunden mit der legendären Buchhandlung „Foyles" in London. Stundenlang lässt es sich dort stöbern, wenn es im Dezember früh dämmert und ein Nieselregen uns in die Welt der Bücher schickt. Und noch geschichtsträchtiger und stilvoller wird es bei „Hatchards" in der Nähe von Piccadilly Circus. Dieses Buchgeschäft, es darf sich königlicher Hoflieferant der Queen nennen, hat noch den liebenswürdigen Charme einer längst vergangenen Zeit. In einem Ledersessel sitzend, in einer ruhigen Ecke, beginnt man zu blättern und querzulesen. Ich habe mir die naturkundlichen Beschreibungen des englischen Autors John Lewis-Stempel zur Hand genommen. Seine detaillierten Beobachtungen in einer sehr poetischen Sprache entführen mich augenblicklich in die winterliche Natur, weit draußen auf dem Land. So offenbart sich Wunderbares. Um solche Momente zu erleben, brauchen wir jedoch nicht unterwegs zu sein. Auch zu Hause lässt sich eine kleine, feine Leseecke einrichten. Mit Büchern, die uns durch den Winter tragen.

Meine Weihnachts-Bibliothek

WUNDERWEISSE NÄCHTE
Romane zum Überwintern

- ○
- ○
- ○
- ○
- ○
- ○

SCHLÄFT DIE HASELMAUS?
Kinder- und Naturbücher sind Schätze

- ○
- ○
- ○
- ○
- ○
- ○

TANNENGEFLÜSTER
Wundervolle Weihnachtsbücher

- ○
- ○
- ○
- ○
- ○
- ○

DER DUFT VON BRATÄPFELN
Kochbücher für die festliche Zeit

- ○
- ○
- ○
- ○
- ○
- ○

AGAINST THE SLOPE
Timothy Easton
Öl auf Leinwand
Privatsammlung

Die wunderbare Reise des Nils Holgersson

Dreizehn Gänse flogen um ihn herum, und alle schlugen sie mit den Flügeln und schnatterten. Es flimmerte ihm vor den Augen, und es sauste ihm in den Ohren. Er wusste nicht, ob sie hoch oder niedrig flogen, oder wohin es mit ihnen ging.

Endlich kam er so weit zu sich, dass er begriff, er müsse sich klar darüber werden, wohin die Gänse mit ihm flogen. Aber das war nicht so leicht, denn er wusste nicht, woher er den Mut nehmen sollte, hinabzusehen. Er war fest überzeugt, dass ihn schwindeln würde, wenn er es versuchte.

Die wilden Gänse flogen nicht so sehr hoch, da der neue Reisekamerad nicht in der allerdünnsten Luft atmen konnte. Um seinetwillen flogen sie auch ein wenig langsamer als sonst.

Schließlich zwang der Junge sich doch, einen Blick auf die Erde hinabzuwerfen. Und es schien ihm, als liege unter ihm ein großes Tuch ausgebreitet, das in eine unglaubliche Menge kleiner und großer Würfel eingeteilt war.

»Wo in aller Welt bin ich nur hingekommen«, dachte er.

AUS:
„DIE WUNDERBARE REISE
DES NILS HOLGERSSON
MIT DEN WILDGÄNSEN“
von SELMA LAGERLÖF
(1858–1940)

Der Schönste im ganzen Land ...

Der Besuch auf dem Weihnachtsmarkt gehört zur Tradition. Aber welcher Markt bezaubert uns unter dem Winterhimmel? Eine kleine Spurensuche.

„Welch ein lustiger Wald um das hohe Schloss hat sich zusammengefunden!" schreibt der Dichter Gottfried Keller in seinem Gedicht „Christmarkt vor dem Berliner Schloss".

Nun, kleine Miniaturwälder ziehen bis heute Ende November mit den Weihnachtsmärkten in die Innenstädte. Es duftet plötzlich ungewohnt nach Sägespänen und Harz. Alles überragend wird dazu eine große, stattliche Tanne aufgestellt, die reichlich geschmückt den glanzvollen Mittelpunkt bildet. Manchmal steht eine kleine Infotafel dabei. Dieser Christbaum stammt aus den Bergwäldern von ... Oh, von so weit hergereist, denke ich stets dabei. Ich stelle mir augenblicklich die hohen Wipfel seiner ursprünglichen Heimat vor und die glasklare Luft. Heidi-Land. Romantische Bilder gehören in die Vorweihnachtszeit. Und so sind wir gleich beim gewünschten Weihnachtsmarktzauber. Nehmen wir die Kulisse einer historischen Altstadt, ordnen wir kreisförmig hübsche Holzbuden an, schnuppern wir den Duft von Lebkuchen, Glühwein und Maroni und schon sind wir in Gedanken beim Flanieren.

Die großen Weihnachtsmärkte wie der Nürnberger Christkindlesmarkt oder der Striezelmarkt in Dresden sind weltweit bekannt und können auf eine sehr lange Tradition zurückblicken. Gerade in jüngster Zeit hat sich bei vielen Märkten der Trend durchgesetzt, alles soll wieder regionaler, stilvoller und natürlicher sein. Es lohnt sich, auch kleinere Weihnachtsmärkte zu besuchen, die oft mit ihrer besonders heimeligen Atmosphäre überraschen. Da ist der Lucrezia-Markt in der historischen Altstadt von Regensburg oder ein märchenhaftes Weihnachtsdorf in Sommerhausen bei Würzburg. Für mich gehört auch der Christkindlmarkt am Salzburger Residenzplatz zu den geliebten Märkten im Advent.

Große Vorfreude

DIESE WEIHNACHTSMÄRKTE SIND WUNDERBAR

NEUENTDECKUNGEN & GEHEIMTIPPS

- ○
- ○
- ○
- ○
- ○
- ○

GROSS & TRADITIONSREICH

- ○
- ○
- ○
- ○
- ○
- ○

REISETRÄUME & WUNSCHMÄRKTE

- ○
- ○
- ○
- ○
- ○
- ○

LIEBLINGSSACHEN VOM WEIHNACHTSMARKT

- ○
- ○
- ○
- ○
- ○
- ○

Darf es eine Tasse Earl Grey sein?

„Gestern Nacht träumte mir, ich sei wieder in Manderley."

Mit diesem Satz beginnt der berühmte Klassiker „Rebecca" von Daphne du Maurier. Während einer Reise nach Cornwall hat mich das Buch begleitet. Ich war von der dichten Erzählweise der englischen Autorin so fasziniert, dass ich es überallhin mitnahm. In einem Teesalon in Truro sitzend und lesend, bestellte ich frisch gebackene Scones mit Clotted Cream und eine Kanne Earl Grey. Das Buch, das Gebäck und der Tee. Welch ein unvergessliches Trio! Das Bild dazu fällt mir manchmal ein, wenn ich einen Earl Grey aufgieße. Viele abenteuerliche Geschichten ranken sich um die Entstehung des aromatisierten Tees. Bei starkem Seegang sollen sich die Teekisten mit Bergamottöl vermischt haben. Der Name Earl Grey geht auf Charles Grey zurück, der 1830 englischer Premier war. Die Bergamotte, eine Zitrusfrucht, wird bis heute hauptsächlich im italienischen Kalabrien angebaut. Das kostbare Öl aus den Schalen besitzt einen feinen, einzigartigen Duft. Für mich ist es ein sehr geschätzter Winterduft. Schon zwei Tropfen des ätherischen Öls sorgen in der Duftlampe für eine angenehme Atmosphäre.

Mein Teesalon ist eröffnet!

HERRLICH BELEBEND
Schwarztee und Grüntee

- ○ English Breakfast
- ○ Darjeeling
- ○ Earl Grey
- ○ Ostfriesentee
- ○ Grüner Jasmintee
- ○
- ○
- ○

MIT LIEBE GEERNTET
Kräutertees

- ○ Minze
- ○ Zitronenverbene
- ○ Zitronenmelisse
- ○ Schlüsselblume
- ○ Ringelblume
- ○
- ○
- ○

WINTERBEGLEITER
Tees zum Stärken

- ○ frischer Ingwer
- ○ Zitrone
- ○ Echinacea
- ○ Minze
- ○
- ○
- ○
- ○

SO WOHLTUEND
Kleine Hausapotheke

- ○ Kamille
- ○ Salbei
- ○ Lindenblüte
- ○ Fenchel
- ○ Kümmel
- ○
- ○
- ○

Walnut-Banana-Cake

Ganz in der Nähe von Hazelnut House steht ein mächtiger Nussbaum. Während des Winters backen wir mit seinen Walnüssen allerlei Köstlichkeiten, dieser Kuchen gehört unbedingt dazu.

ZUTATEN
FÜR EINE KASTENFORM (32 X 11 X 7 CM):

1/2 Vanilleschote
100 ml Rum
100 g Rosinen
180 g Butter
2 Bananen (sehr reif)
2 Eier
120 g heller Rohrohrzucker
1 Prise Meersalz
80 g Walnüsse, gehackt
150 g Dinkelmehl, Type 630
2 gehäufte TL Weinsteinbackpulver

etwas Butter für die Form
2 EL heller Rohrohrzucker für die Form zum Ausstreuen

ZUBEREITUNG: Die Vanilleschote der Länge nach aufschlitzen und mit dem Messerrücken das Mark herauskratzen. Den Rum erhitzen, aber nicht kochen. Die Rosinen, das Vanillemark und die leere Vanilleschote dazugeben. Den Topf vom Herd nehmen und abgedeckt bis zum nächsten Tag durchziehen lassen.

Die Form mit etwas Butter einfetten und mit dem Zucker ausstreuen. Den Backofen auf 175 °C (Umluft) vorheizen. Für die Nussbutter die Butter in einem Topf bei milder Hitze so lange köcheln, bis sie leicht bräunt und aromatisch duftet. Die Nussbutter durch ein Metallsieb mit Filterpapier gießen und abkühlen lassen. Die Bananen mit einer Gabel fein zermusen. Die Eier mit dem Zucker und dem Salz in der Küchenmaschine zu einer hellen Creme aufschlagen. Mit einem Gummischaber das Bananenmus, die Walnüsse und 130 g Nussbutter kurz unterrühren. Die Rosinen abtropfen lassen und ohne die Vanilleschote hinzufügen. Zuletzt das Mehl mit dem Backpulver vermischen und gesiebt unter die Creme heben.

Den Teig in die Form füllen, glatt streichen und für 50 Minuten in den heißen Ofen schieben. Nach dem Backen den Kuchen aus der Form nehmen und auf einem Kuchengitter auskühlen lassen.

TIPP:
Dieser Kuchen bleibt, verpackt an einem kühlen Ort, mehrere Tage frisch.

EIN LIEBLINGSREZEPT VON:

ZUTATEN

MENGE

SO WIRD'S GEMACHT:

Weihnachtsorte, die das Herz berühren.

MEIN REISETAGEBUCH

10. Dezember

Kleine & große Abenteuer, Geheimtipps, Entdeckungen, Eintrittskarten ...
So schön, sich zu erinnern!

10. Dezember

10. Dezember

Enge Gassen, Schaufenster, festliche Beleuchtung, Weihnachtsdekoration, kleine Geschäfte ...
So sieht es in meiner Weihnachtsstadt aus!

Tea for Two

Die englische Künstlerin Kate Semple hat für das Dezember Journal die wundervollen Illustrationen gestaltet. Wir haben uns zum Tee verabredet und über ihre kreative Arbeit gesprochen.

THERESA ✳ Kate, du arbeitest als freiberufliche Illustratorin und Keramikerin. Kannst du uns einen kleinen Einblick in deine Arbeit geben?

KATE ✳ Meine Arbeit ist immer durch die sehr unterschiedlichen Aufträge geprägt. In dieser Woche arbeite ich an einer neuen Keramikserie für meine Ausstellung. In der vergangenen Woche habe ich für den Newsletter eines Hotels eine Karte gestaltet. Und genau dieses interessante Spektrum liebe ich an meiner Arbeit sehr.

Du wohnst in einem alten viktorianischen Haus, umgeben von einem kleinen romantischen Garten. Hat dieser besondere Ort einen Einfluss auf dein kreatives Arbeiten?

Oh ja, Theresa, das denke ich schon. In unserem ganz persönlichen Umfeld können wir uns mit den schönen Dingen umgeben, die uns inspirieren und guttun. Bei uns sind es Keramiken von Künstlerinnen und Künstlern, die ich sehr bewundere und natürlich auch meine eigenen Werkstücke. Und wir sammeln handgedruckte Kunstwerke, die unsere Wände schmücken.

Hast du ein bestimmtes Ritual, bevor du mit deinen Arbeiten beginnst? Und wie stimmst du dich kreativ ein?

Vor jedem neuen Projekt ist tatsächlich ein sauberer, aufgeräumter Arbeitsplatz absolut wichtig für mich. Ich liebe den Anblick der weiße Leinwand und mit diesem Gefühl starte ich! Meist beginne ich mit Bleistift eine erste Skizze. Wenn ich das Gefühl habe, jetzt bin ich in einem guten Flow, höre ich auch Musik nebenbei.

Stellst du dir für jedes Projekt zuerst ein Moodboard zusammen?

Ja, vor allem wenn ich für Kunden neue Ideen konzipiere. Ich liebe Pinterest und gerade habe ich viele Bilder aus dem Studio an die Wand gepinnt. Noch arbeite ich im familiären Umfeld im Haus, aber ab September werden wir ein neues Atelier für mich im Hof bauen. Du kannst dir vorstellen, das ist aufregend und ich kann es kaum erwarten.

Oh, das wird bestimmt sehr schön! Das eigene Atelier zu Hause. Bist du auch viel unterwegs, um dich zu inspirieren?

Ja, unbedingt. Ich unternehme sehr gerne Ausflüge nach London, um verschiedene Galerien wie zum Beispiel „The Whitechapel“ zu besuchen, das inspiriert mich immer. Und wir haben das große Glück, dass wir hier in der Kunstgalerie von York die größte europäische Sammlung an zeitgenössischer Keramik haben.

Auch das Arbeiten mit Collagen ist ein ganz wichtiger Bereich für dich. Gestaltest du dafür dein eigenes Papier oder sammelst du Papier zum Beispiel auch aus Magazinen oder Verpackungen?

In meinen Anfangsjahren habe ich noch sehr viel mit Fotomontagen aus Magazinen und Büchern experimentiert. Inzwischen ist meine Arbeit vor allem durch die selbstgedruckten und bemalten Papiere geprägt. Ihre Farben und Texturen beeinflussen mein kreatives Schaffen. Obwohl ich einen riesigen Fundus besitze, kreiere ich immer wieder neue Farbkombinationen und Muster.

Manchmal sitzen wir vor einem leeren Blatt Papier und wissen nicht, wie wir am besten anfangen sollen ... Du gibst ja viele kreative Workshops und kennst diese Situation. Hast du einen guten Tipp für uns, wie wir leichter hineinfinden?

Alle, die kreativer sein möchten, kann ich nur dazu ermutigen, ein Buch zu beginnen. Ich stelle mir dabei kein typisches Skizzenbuch vor, sondern eher ein schönes visuelles Tagebuch. Es kann voller Worte, Zeichnungen, Farbideen sein, einfach ein Ort, an dem man Ideen sammelt. Meine Bücher, die ich auf diese Weise gestalte, sind für mich wie Sammelalben, sie funktionieren wie eine Art Collage.

Vielen Dank, liebe Kate, für diesen Einblick in deine Arbeit und für die großartigen Illustrationen, die du für uns entworfen hast. Sie werden uns beflügeln, da bin ich mir sicher.

Das freut mich sehr! Es war für mich auch ein absolutes Vergnügen, mich bei diesem Journal kreativ einzubringen. Ich wünsche allen frohe Weihnachten aus dem kleinen, alten York in England.

Die Farben des Dezembers

11. Dezember

Mein Winter-Moodboard zum schönsten Monat im Jahr! Magazine, Modefotografien, Postkarten, Papeterie, Briefmarken, Illustrationen – überall im Alltag sind so viele Inspirationen & Farben zu entdecken.

Kartoffel-Kichererbsen-Curry

Dieses Curry ist so schnell gezaubert und die Gewürze darin wärmen uns das Herz.

ZUBEREITUNG: In einer kleinen Schüssel den Koriander, den Kreuzkümmel, die Kurkuma, die Nelken und die Muskatnuss mischen und mit 3 EL Wasser vermengen.

Das Olivenöl in einem Topf erhitzen. Die Zwiebel, den Knoblauch, den Ingwer, den Chili und das Salz hinzugeben und alles ca. 5 Minuten dünsten. Wenn die Zutaten anfangen sich golden zu färben, die Gewürzmischung, die Zimtstange und den Sternanis hinzufügen. Alles 1 Minute aufkochen lassen und dann für ca. 30 Minuten ruhen lassen.

Danach die Kokosmilch, die Kartoffeln und die Kichererbsen (inklusive Flüssigkeit) unterrühren. Das Salz und den Zucker hinzufügen und alles für 15-20 Minuten bei mittlerer Hitze köcheln lassen. Falls die Kartoffeln noch nicht gar sind, die Kochzeit verlängern.

Zum Schluss das Curry noch einmal abschmecken und mit dem Koriander bestreuen.

ZUTATEN
FÜR 4 PERSONEN:

2 1/2 TL gemahlener Koriander
1 TL gemahlener Kreuzkümmel
2 TL gemahlene Kurkuma
1 Prise gemahlene Nelken
1 Prise frisch geriebene Muskatnuss
4 EL Olivenöl
1 Zwiebel, fein gehackt
4 Knoblauchzehen, fein gehackt
1 1/2 EL Ingwer, fein gehackt
1 rote Chili, fein geschnitten
1 Prise Meersalz
1 Stange Ceylon-Zimt
2 Sternanis
400 ml Kokosmilch
300 g Kartoffeln, geschält und in Würfel (2 cm) geschnitten
800 g Kichererbsen (aus der Dose mit Flüssigkeit)
1 TL Meersalz
1 Prise Rohrohrzucker

ZUM BESTREUEN:
4 EL Korianderblätter, frisch gehackt

TIPP:
Wer möchte, kann das Curry mit Basmati-Reis oder Couscous servieren.

EIN LIEBLINGSREZEPT VON:

ZUTATEN

MENGE

SO WIRD'S GEMACHT:

Einfach schön schreiben ...

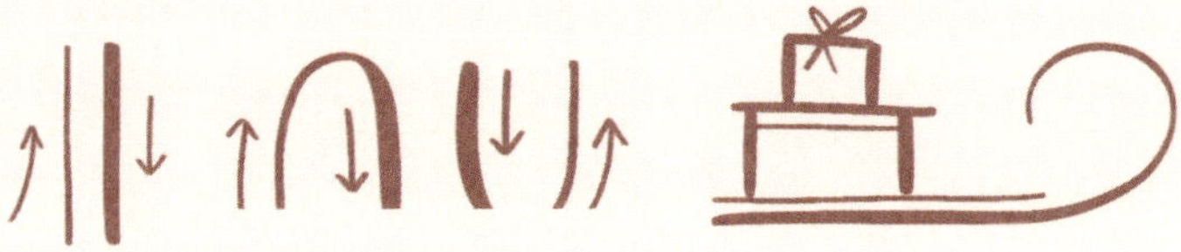

TIPP:
Die Aufwärtsbewegung beim Schreiben wird dünn und ohne Druck ausgeführt. Die Abwärtsbewegung erhält mehr Druck auf die Spitze und wird dadurch dicker. Querstriche immer dünn ausführen.

Die Kunst des Schönschreibens, die Kalligrafie, beginnt zunächst mit lockeren Übungen. So bekommst du ein gutes Gefühl für den Pinselstift, den Brushpen. Wer möchte, kann natürlich auch eine klassische Schreibfeder mit Tinte verwenden.

Schwungvoll festlich

Es wird Zeit für einen wunderschönen Christbaum! Der erste Baum wird vielleicht nicht auf Anhieb so gleichmäßig, aber das Ausprobieren und Üben macht sehr viel Spaß! Wichtig dabei ist, möglichst langsam den Druck auf die Stiftspitze in den geschwungenen Kurven aufzubauen. Das Blatt kann dabei beliebig gedreht werden. Am Anfang ist es leichter, zwischendurch abzusetzen und danach den nächsten Schwung zu planen. Die Hand beim Schreiben auf dem Tisch ablegen, das sorgt für Stabilität.

Einmal in Schönschrift bitte

Ganz leicht von der Hand! Übungsblätter zum ABC findest du hier:
www.hazelnut-house.com/books/dezemberjournal

So hübsch verpackt

Ob Weihnachtspost, Tisch- oder Menükarten, es gibt viele Gelegenheiten, mit Kalligrafie Dinge zu verschönern. Wie wäre es mit liebevollen Geschenkanhängern?

ANHÄNGER AUS ZWEIERLEI PAPIER

Durch die Verwendung von Aquarell- und Transparentpapier werden die Anhänger einfach zauberhaft!

ES WERDEN BENÖTIGT:

- 1 Bogen Aquarellpapier
- 1 Bogen Transparentpapier
- Bleistift
- Lineal
- Bastelschere
- Aquarellfarbe, zum Beispiel in Rosa
- Brushpen
- Lochzange
- Stoffband oder Schnur

SO GEHT ES:

1. Aus dem Aquarell- und Transparentpapier Anhänger in Visitenkartengröße ausschneiden. Die weißen Anhänger auf der Oberseite zart kolorieren, dabei die Ränder frei lassen. Die transparenten Anhänger mit dem Brushpen beliebig beschriften oder die hier gezeigten Schriftzüge einfach abpausen.
2. Jeweils einen kolorierten und einen transparenten Anhänger mit Schrift exakt übereinander legen, ganz außen lochen und ein Stück Schnur oder Band durchziehen.

Viel Freude beim Ausprobieren!

Schwedische Lussekatter

Zum Frühstück gibt es an diesem Tag diese köstlichen Safranbrötchen, die in verschiedenen Varianten geformt werden können.

ZUBEREITUNG: Die Safranfäden mit dem Zucker in einem Mörser fein zermahlen.

Die Milch erhitzen, jedoch nicht kochen. Den Topf vom Herd nehmen, den Safranzucker zur Milch geben und gut unterrühren. Die Safranmilch lauwarm abkühlen lassen. Die Hefe in der Milch auflösen. Das Mehl und den Zucker in eine Rührschüssel geben. In die Mitte eine Mulde formen. Die Milch hineingießen, die Schüssel mit einem Tuch abdecken und die Mischung ca. 15 Minuten gehen lassen.

Danach das Salz, die Eigelbe, die in Würfel geschnittene Butter und die Creme fraîche hinzufügen und alle Zutaten mit dem Knethaken in der Küchenmaschine oder mit der Hand zu einem geschmeidigen Teig kneten. Die Oberfläche mit etwas Mehl bestäuben und den Hefeteig abgedeckt eine Stunde an einem warmen Ort gehen lassen.

Ein Backblech mit Backpapier auslegen. Die Arbeitsfläche mit Mehl bestäuben. Den Hefeteig noch einmal in der Schüssel durchkneten. Danach den Teig auf der Arbeitsfläche zu einer Rolle formen und in 20 Teigstücke schneiden. Jedes Teigstück zu einem etwa 30 cm langen Strang formen. Die Enden des Strangs zu Schnecken aufrollen, einmal unten und einmal oben. Die so geformten Lussekatter auf das Blech legen. In die Mitte der Schnecken jeweils eine Rosine hineindrücken. Je nach Belieben können aus den Teigsträngen auch noch andere Varianten geformt werden. Die Lussekatter mit einem Tuch abdecken und weitere 15 Minuten gehen lassen.

In der Zwischenzeit den Backofen auf 200 °C (Umluft) vorheizen.

Das Eigelb mit der Milch verquirlen und die Oberfläche der Lussekatter damit bestreichen. Danach in etwa 20 Minuten im heißen Ofen goldbraun backen.

ZUTATEN
FÜR ETWA 20 STÜCK:

½ TL Safranfäden (etwa 30 Fäden)
10 g heller Rohrohrzucker
250 ml Milch
20 g frische Hefe
550 g Dinkelmehl, Type 630
70 g heller Rohrohrzucker
1 TL Meersalz
3 Eigelb
120 g weiche Butter (Zimmertemperatur)
150 g Crème fraîche

ZUM BESTREICHEN:
1 Eigelb
1 EL Milch

ZUM DEKORIEREN:
Rosinen

Backpapier für das Backblech
etwas Dinkelmehl für die Arbeitsfläche

TIPP:
Wie alle Gebäcke aus Hefeteig schmecken die Lussekatter ganz frisch am besten. Sie lassen sich auch sehr gut einfrieren.

EIN LIEBLINGSREZEPT VON:

ZUTATEN

MENGE

SO WIRD'S GEMACHT:

Lichtbringend und singend

Am 13. Dezember wird das Lucia-Fest gefeiert. Es ist wie das Mittsommerfest eng mit der schwedischen Kultur verbunden.

Vor allem in den skandinavischen Ländern gehört es zu den sehr beliebten Traditionen in der Vorweihnachtszeit. Auch in Hamburg wird in der schwedischen Seemannskirche alljährlich dieser Tag zelebriert. Die Mädchen tragen dabei lange weiße Kleider, ein rotes Schleifenband um die Taille und einen Lichterkranz als Krone. Wenn sie gemeinsam bei Kerzenlicht in den Raum einziehen und mit glockenhellen Stimmen „Santa Lucia" singen, das ist einfach unvergesslich schön und zählt zu den berührenden Momenten in dieser Zeit.

Für dieses Fest liegt eine zauberhafte Lucia-Karte bei. Ausschneiden, zusammenfügen, aufstellen oder an die Liebsten verschicken!

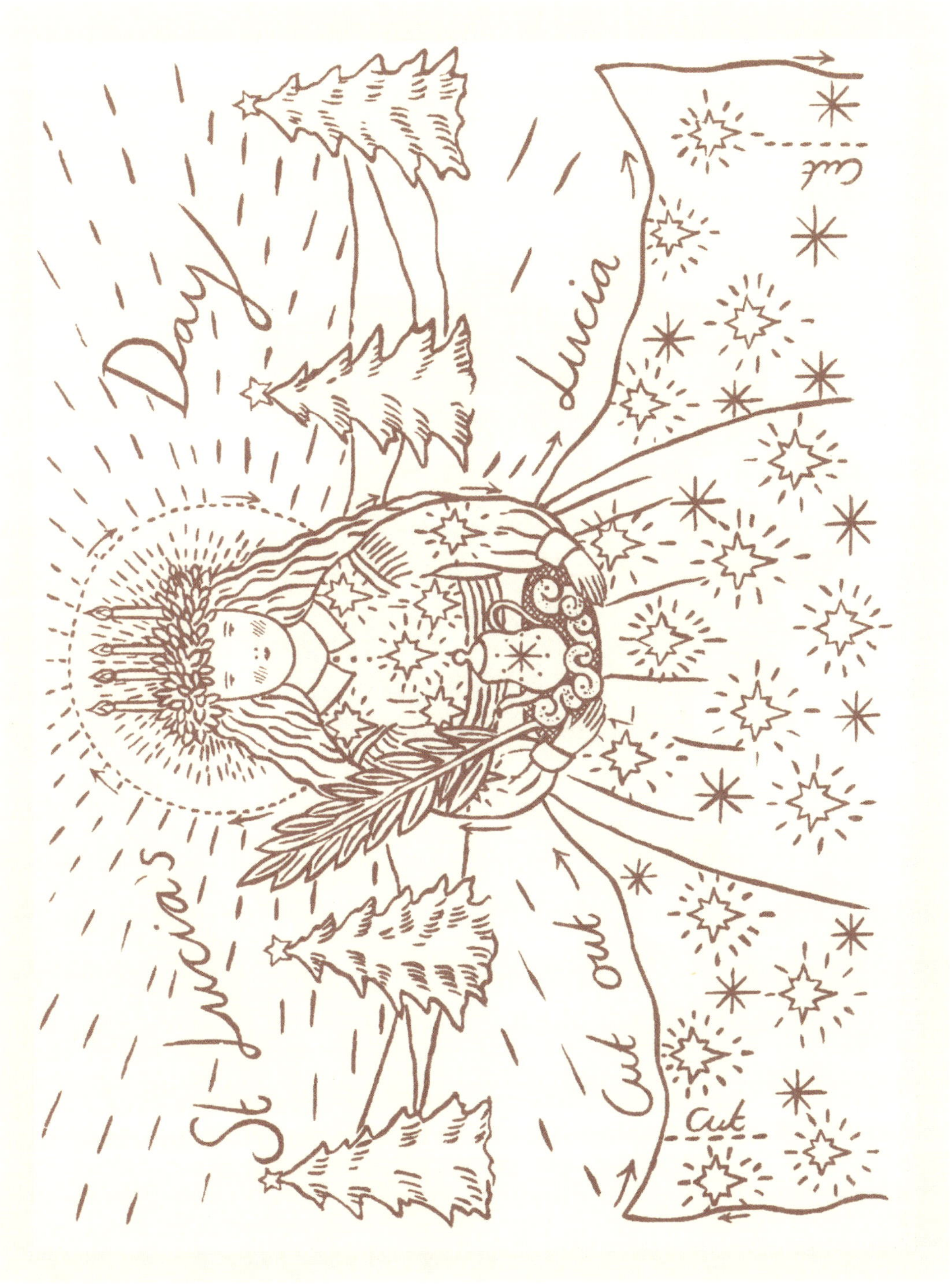
St Lucia's Day
Lucia
Cut out
cut
cut

Mariniertes Wintergemüse

Für diesen leicht warmen Salat wird das Gemüse zuerst im Ofen geröstet, das sorgt für ein wunderbares Aroma.

ZUBEREITUNG: Das Wurzelgemüse waschen, putzen, schälen und in mundgerechte Stücke schneiden. Den Backofen auf 180 °C (Umluft) vorheizen. Ein Backblech mit Backpapier auslegen. Die Gewürze mit dem Salz, dem Honig und 4 EL Olivenöl vermischen und das Gemüse damit marinieren. Danach auf dem Backblech verteilen und etwa 40 Minuten im heißen Ofen garen, bis es leicht gebräunt ist.

In der Zwischenzeit die Zwiebeln schälen, vierteln und in dem restlichen Öl bei milder Hitze andünsten. Mit dem Zucker bestreuen, dem Balsamico ablöschen und etwas einreduzieren lassen.

Für die Marinade alle Zutaten verrühren. Das Gemüse aus dem Ofen nehmen. Noch lauwarm mit den Zwiebeln auf einer Platte anrichten und mit der Marinade beträufeln. Zuletzt mit dem Feta bestreuen und nach Belieben mit Orangenfilets dekorieren.

ZUTATEN FÜR 4 PERSONEN:

300 g Rote Beete
300 g Pastinaken
400 g Süßkartoffeln
500 g Karotten
1 TL gemahlener Kreuzkümmel
1 Msp. gemahlener Ceylon-Zimt
1/2 TL Meersalz
2 TL Honig
7 EL Olivenöl
3 mittlere rote Zwiebeln
1 TL heller Rohrohrzucker
60 ml dunkler Balsamico

FÜR DIE MARINADE:
5 EL Olivenöl
2 EL weißer Balsamico
1 TL Honig
1 Prise Meersalz
etwas frisch gemahlener Pfeffer aus der Mühle
etwas abgeriebene Schale von einer unbehandelten Orange

ZUM BESTREUEN:
100 g Schafskäse, zerbröselt
Nach Belieben die Filets einer Orange

Backpapier für das Backblech

EIN LIEBLINGSREZEPT VON:

ZUTATEN

MENGE

14. Dezember

SO WIRD'S GEMACHT:

A December to remember

Was gibt es Schöneres, als in der festlichen Zeit liebe Gäste einzuladen.

In der Küche sollte es dabei recht entspannt zugehen. Und damit es auch so ist, voilà, hier ist das Geheimnis aus der französischen Küche: „Mise en Place“, also die gute Vorbereitung ist alles …

- ○ Adventsfrühstück
- ○ Winterbrunch
- ○ Picknick im Winterwald
- ○ Kleiner Lunch
- ○ Festliches Menü
- ○ Adventskaffee
- ○ Hightea vor dem Kamin
- ○ Waffeln und Apfelpunsch
- ○ Wintergrillen
- ○ Mädelsabend
- ○ Spieleabend mit Häppchen
- ○ Weihnachtliches Dinner

14. Dezember

Herzlich willkommen!

MEINE SCHÖNSTEN EINLADUNGEN IN DER WEIHNACHTLICHEN ZEIT

GÄSTELISTE

○

○

○

○

○

○

○

○

○

○

○

○

○

○

WAS SOLL ES DENN FEINES GEBEN?

○

○

○

○

○

○

○

WAS BRAUCHE ICH DAFÜR?

○

○

○

○

○

Schneekristalle

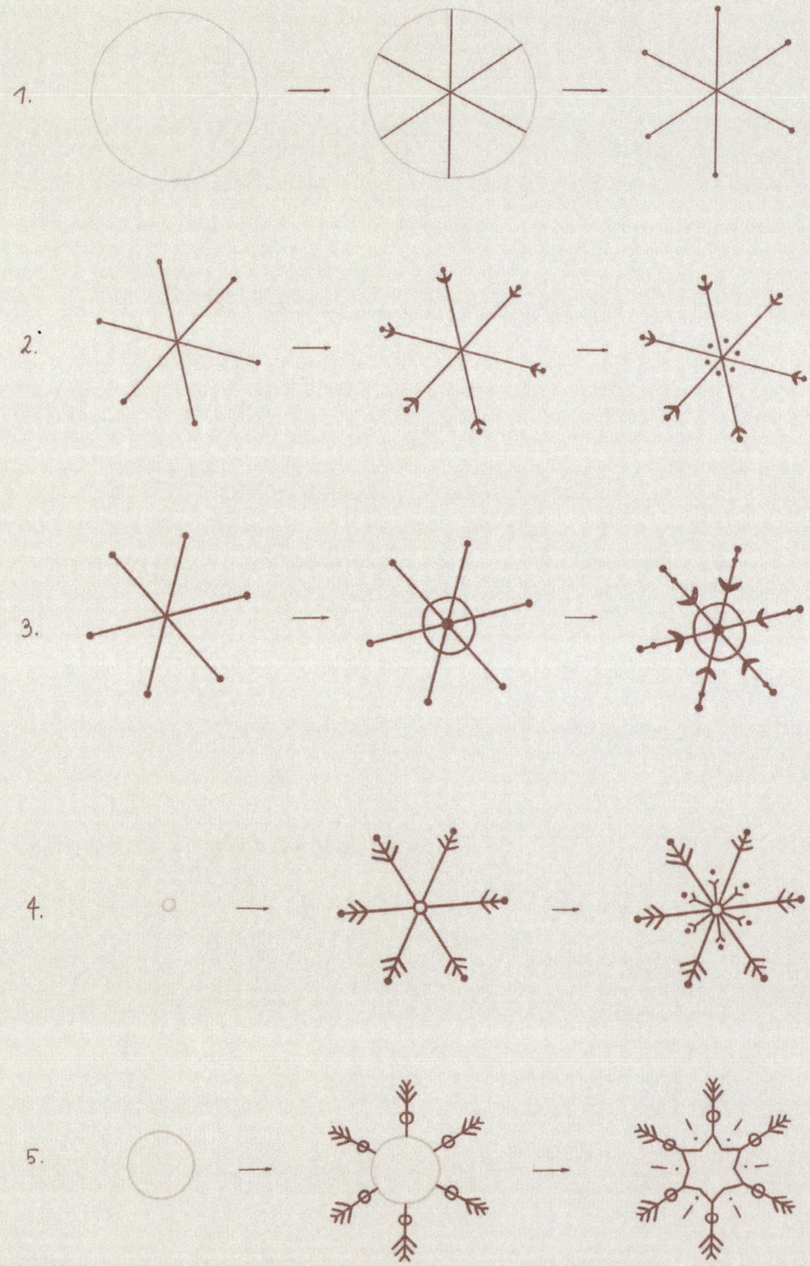

15. Dezember

Mit einem weißen Stift Kristalle zeichnen.

Locker aus dem Handgelenk! Mit ein wenig Übung werden die Schneeflocken einfach zauberhaft...

15. Dezember

TIPP:
Schlichtes Packpapier lässt sich so zauberhaft verwandeln.

Kristalle, wie aus dem Palast der Schneekönigin.

Das Gewicht der Schneeflocke

»Es schneit«, sagte der Wolf.
»Was du nicht sagst, Gevatter«, brummte der Bär.
»Mehr als tausend Schneeflocken«, sagte der Fuchs,
»aber auf meinem Pelz spüre ich sie überhaupt nicht!«
»Sie schmelzen auf meiner Hasennase«, sagte der Hase und dann
fügte er noch nachdenklich hinzu: »Man spürt sie nicht.
Doch sie haben ein Gewicht!«
»Eine Schneeflocke wiegt weniger als nichts«,
knurrte der Wolf.
»Und sie hat keine Kraft«, brummte der Bär.
»Aber sie wiegt doch etwas und sie hat auch Kraft«, sagte der Hase.
Die Tiere gerieten in Streit, ob eine Schneeflocke etwas
wiegt oder nicht.
»Wir wollen die Schneeflocken zählen,
die da auf den alten, dicken Ast fallen«, sagte der Hase.
»Da wird man ja sehen, ob eine Schneeflocke Gewicht hat.«
Der Bär und der Wolf lachten so laut, dass es durch den ganzen
Wald schallte. Aber weil sie gerade nichts Besseres zu tun hatten,
zählten sie mit: Eins ... zwei ... drei ... vier ... fünf ... sechs ... sieben ...
Als sie bei zweitausendachthundertsiebenundsechzig angekommen
waren, machte es plötzlich »Krach«,
und der dicke, mächtige Ast brach ab.
»Der Hase hat Recht«, knurrte der Wolf, und sogar der Bär
wunderte sich über die Kraft der Schneeflocken.

FREDRIK VAHLE
(geb. 1942)

Liebe Weihnachtsgrüße

Auf dem Schreibtisch liegt schon alles bereit, wie in einer kleinen Papeterie.

Die sepiafarbene Tinte, der Füller, Briefumschläge, feines Papier und Briefmarken. Schon vor Wochen hatte ich bei der Post nach schönen Weihnachtsmarken gefragt. „Wir haben in diesem Jahr nur solche bekommen“, erhielt ich als Antwort, um im nächsten Moment auf einen eher blassen Briefmarkenbogen zu schauen. Ich überlegte kurz und habe den Bogen gekauft. Aus Tradition. Und die Schreibwaren? Sie gehören zu meiner großen Papierliebe, die mich auch auf Reisen nicht loslässt. Nach dem Besuch eines Museums findet sich im dazugehörigen Shop immer noch eine besondere Kunstkarte, so wie die auf meinem Tisch. Sie stammt aus der Scottish National Gallery und zeigt das populäre Bild von Reverend Robert Walker beim Schlittschuhlaufen. Wenn schon der Luxemburger Regen gegen die Scheiben tropft, der elegante Eisläufer sorgt für Winterstimmung. Schon fließen die Worte und ich bin in Gedanken an unterschiedlichen Orten und bei Menschen, die mein Herz berühren. Auch wenn wir inzwischen eine schnelle digitale Kommunikation pflegen, so darf es an Weihnachten noch anders sein. Manche meiner Briefe werden tagelang unterwegs sein. Und manche werden durch Türschlitze aus dickem Messing geworfen. So kann es mit echter Weihnachtspost noch immer geschehen.

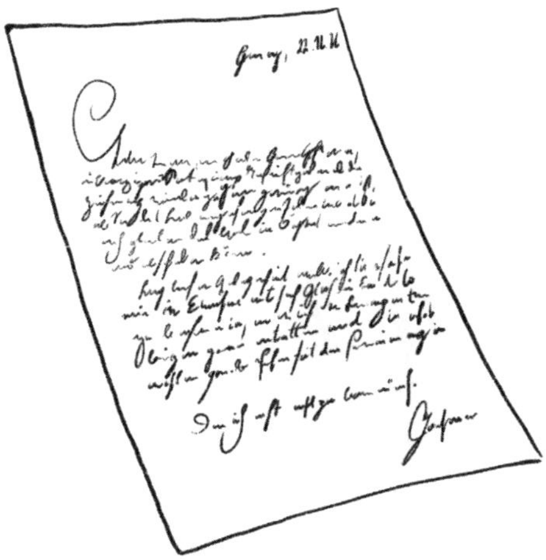

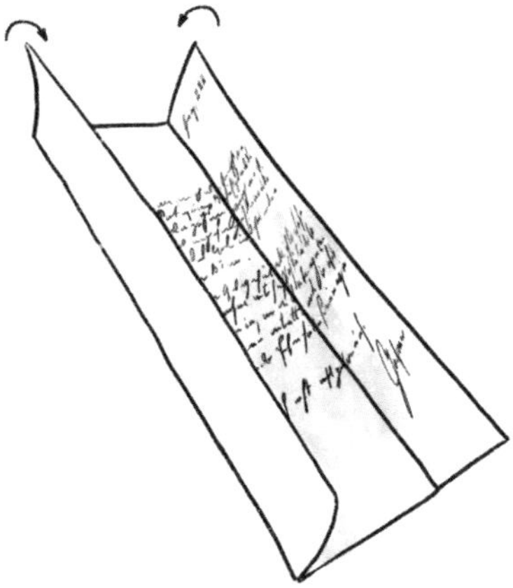

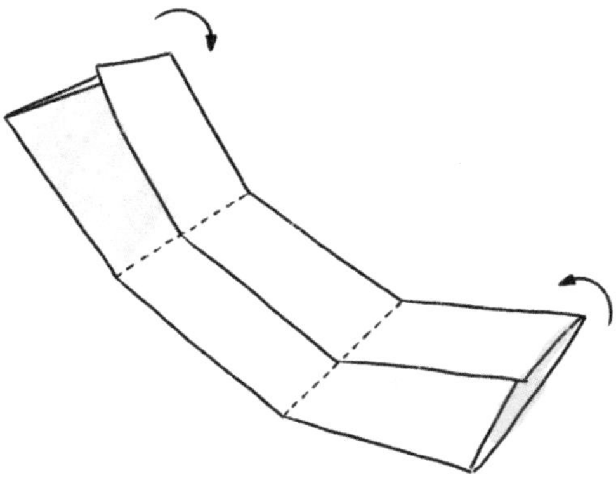

Einen Brief falten ohne Umschlag.
Inspiriert aus der Zeit von Jane Austen ...

Weihnachtspost schön gestalten

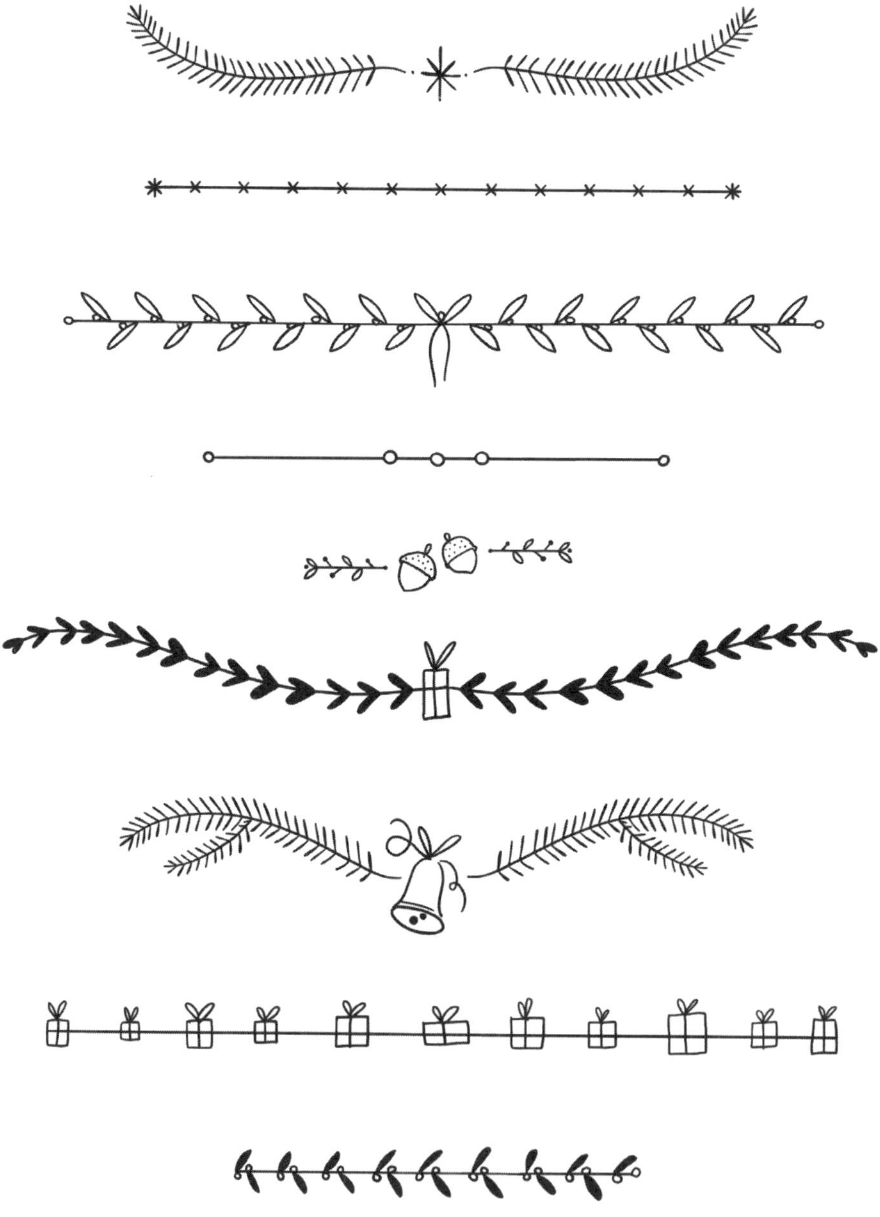

16. Dezember

Zierleisten zeichnen und auch neue Varianten ausprobieren …

Himmlische Post

WEIHNACHTSGRÜSSE SENDE ICH AN

Worte sind Poesie

WEIHNACHTLICHE LIEBLINGSWÖRTER

- ○ Engelsgleich
- ○ Schneegestöber
- ○ Geheimnistuerei
- ○ Morgenland
- ○
- ○
- ○
- ○
- ○
- ○
- ○
- ○
- ○
- ○
- ○
- ○
- ○
- ○
- ○
- ○
- ○
- ○
- ○
- ○
- ○
- ○
- ○
- ○

THE CHRISTMAS TREE
Elizabeth Adela Stanhope Forbes
Bleistift, Wasserfarbe und
Körperfarbe auf Papier
Privatsammlung

Frau Dezember

Es herrschte eine schneidende Kälte, der Himmel war sternklar, kein Lüftchen regte sich. Da kam mit „Trarateratera" die Post daher gefahren. Als die große Postkutsche vor dem Stadttor hielt, konnte man erkennen, daß sie voll besetzt war. Zwölf Personen brachte sie mit …

Schließlich kam als letzte Reisende ein altes Mütterchen: die Frau Dezember. Sie fror, aber ihre Augen strahlten wie Sterne. Im Arm trug sie einen Blumentopf, in den sie ein Tannenbäumchen gepflanzt hatte. Den wärmte sie liebevoll mit einer Wärmflasche. „Diesen Baum will ich hegen und pflegen", sagte sie, „damit er gedeiht und bis zum Heiligen Abend so groß wird, daß er vom Boden bis zur Decke reicht. Wenn er dann geschmückt dasteht mit flammenden Lichtern, Goldnüssen, bunten Kugeln und vielen Figürchen, hole ich das Märchenbuch heraus und lese daraus vor, bis alle Kinder im Zimmer mucksmäuschenstill dasitzen.

Die Figürchen am Christbaum aber werden lebendig. Der Rauschgoldengel auf der Spitze breitet die Flittergoldflügel aus, fliegt von seinem grünen Sitz herunter und gibt jedem, Großen wie Kleinen, einen Kuß, auch den Kindern, die als Sternsinger draußen auf den Straßen das Weihnachtslied vom Stern über Bethlehem singen."

AUS:
„ZWÖLF MIT DER POST"
von HANS CHRISTIAN ANDERSEN
(1805-1875)

Beim Zuhören tanzt das Herz

Das Rauschen eines Baches, der Wind in den Zweigen, das Rufen eines Vogels – wenn es still ist, achten wir auf jedes Geräusch.

Einfach nur hören. Das Ticken einer Wanduhr, das Knarren der Holzdielen, das Knistern des Kaminfeuers. Das Zuhören ist unsere neue Winterliebe. Den Augen gönnen wir eine Pause vom Bildschirm, vom Display, von der Flut an visuellen Eindrücken. Beim Hören verknüpfen wir Bilder und Vorstellungen. Kino im Kopf. Die Sehnsucht danach ist groß. Das aktuelle Angebot an Hörbüchern, Hörspielen, Lesungen oder Podcasts erzählt davon. Gerade in der oft hektischen Zeit vor Weihnachten schenkt uns das Zuhören besonders entspannte Momente. Und manchmal genügt schon der Klang eines vertrauten Namens, um uns zu bezaubern. Für mich ist „Ebenezer Scrooge" so ein Name. Augenblicklich sehe ich den alten Geizhals vor mir und bin mitten drin, in der Weihnachtsgeschichte von Charles Dickens.

Meine Liste für ein Hörvergnügen

VOR DEM EINSCHLAFEN
Geschichten lauschen

○

○

○

○

○

○

EINGESCHNEIT
Zeit für Hörbücher

○

○

○

○

○

○

SO SPANNEND
Hörspiele

○

○

○

○

○

○

ANSTÖPSELN BITTE …
Podcasts

○

○

○

○

○

○

Schneeflöckchen Weißröckchen

2.
Komm setz dich ans Fenster,
du lieblicher Stern;
malst Blumen und Blätter,
wir haben dich gern.

3.
Schneeflöckchen, du deckst uns
die Blümelein zu,
dann schlafen sie sicher
in himmlischer Ruh'.

4.
Schneeflöckchen, Weißröckchen,
komm zu uns ins Tal,
Dann bau'n wir den Schneemann
und werfen den Ball.

TEXT:
HEDWIG HABERKERN

17. Dezember

So stimmungsvoll! Meine liebsten Adventskonzerte.

Nun singet und seid froh

DIE KERZEN AM ADVENTSKRANZ ANZÜNDEN UND GEMEINSAM SINGEN UND MUSIZIEREN

WEIHNACHTLICHE LIEDER, DIE WIR IMMER WIEDER GERN ANSTIMMEN

- ○
- ○
- ○
- ○
- ○
- ○
- ○
- ○
- ○
- ○
- ○
- ○
- ○
- ○
- ○
- ○
- ○
- ○
- ○
- ○
- ○
- ○
- ○
- ○

17. Dezember

Die Zeit der Turmbläser. Festliches Brauchtum in meiner Region.

18. Dezember

Die drei Spatzen

In einem leeren Haselstrauch
Da sitzen drei Spatzen, Bauch an Bauch.

Der Erich rechts und links der Franz
Und mitten drin der freche Hans.

Sie haben die Augen zu, ganz zu,
Und obendrüber da schneit es, hu!

Sie rücken zusammen dicht an dicht.
So warm wie der Hans hat's niemand nicht.

Sie hören alle drei ihrer Herzlein
Gepoch. Und wenn sie nicht weg sind,
so sitzen sie noch.

CHRISTIAN MORGENSTERN
(1871–1914)

ROBIN REDBREAST
Fred Cuming
Öl auf Karton
Privatsammlung

Vögel beobachten am Futterhäuschen

Weiße Federn flattern vom grauen Himmel. Davon träumen wir, Schneegestöber im Dezember. Aber an diesem Morgen liegt ein feuchter Nebel über der Landschaft. Ich stülpe schnell einen Pullover über den Pyjama, stecke die Füße in Stiefel und gehe nach draußen in den Garten von Hazelnut House. Unsere gefiederten Wintergäste warten auf ihr Frühstück! Um es ihnen anzukündigen, bewege ich den halb-gefüllten Becher in meiner Hand auf und ab. Die Mischung aus Sonnenblumenkernen, Hanfsamen und Erdnüssen erzeugt dabei einen rhythmischen Takt. Zugegeben, dieses kleine Ritual hat etwas Spielerisches. Und ich bin mir nicht sicher, ob unsere Gartenvögel dieses akustische Zeichen deuten können. Aber immerhin – die Meisen antworten laut rufend und stellen sich kurz darauf am Vogelhaus ein.

Zurück im Haus stelle ich mich beobachtend vor das Küchenfenster. Wie in Morgensterns Gedicht von den drei Spatzen kuscheln sich die Kinder schnell einer rechts und einer links. Durch die Scheibe haben wir den perfekten Blick auf die Futterstelle. Es ist unsere morgendliche gläserne Winterbühne, ein Schauspiel der Natur, das die ganze Familie immer wieder aufs Neue begeistert. Kein Opernglas, aber ein Fernglas liegt immer griffbereit. Und hin und wieder auch ein Vogelbestimmungsbuch, rasch aus der Bibliothek herbeigeholt, um auch seltene Gäste richtig einordnen zu können. Das bunte Clowngesicht des Stieglitzes taucht auf. Und im kahlen Wintergeäst entdecken wir ein farbenprächtiges Dompfaff-Männchen. Auffällig ist seine schwarze Kappe und die Unterseite in rosenrot. Der englische Vogelkundler Rob Hume beschreibt ihn als „rundgesichtigen Fink mit kurzem Schnabel, still an Knospen pickend, fast papageienhaft." Während die Grünfinken ein Gezeter um den besten Platz im Futterhäuschen zur Schau geben, mache ich die Kinder auf einen winzigen rostbraunen Vogel aufmerksam. „Das ist der kleine König!", höre ich sie schon dazwischenrufen. „Ja, das ist der Zaunkönig", füge ich hinzu, „er huscht durch das Gebüsch, als wäre er ein flinkes Mäuschen."

Plötzlicher Szenenwechsel, alle Vögel sind von einer Sekunde zur anderen verschwunden. Kurz darauf kennen wir den Grund: Ein Eichhörnchen turnt akrobatisch um das Vogelhäuschen. Es entdeckt schließlich die Walnüsse, die wir darunter ins Moos gelegt haben. Eine Nuss nach der anderen wird fleißig davongetragen und eilig in der Erde versteckt. Herr Eichhorn ist für die kalte Jahreszeit also bestens vorbereitet!

Genau beobachten, erkennen und glücklich notieren

VOGELART	TAG	ZEIT	ORT
Amsel	○	○	○
Haussperling	○	○	○
Blaumeise	○	○	○
Kohlmeise	○	○	○
Tannenmeise	○	○	○
Schwanzmeise	○	○	○
Dompfaff	○	○	○
Stieglitz	○	○	○
Buchfink	○	○	○
Grünfink	○	○	○
Erlenzeisig	○	○	○
Rotkehlchen	○	○	○
Buntspecht	○	○	○
	○	○	○
	○	○	○

Wintergäste

BITTE FÜTTERN!

Augen, Schnäbel, Gefieder, Füße, Futter ... viel Spaß beim Ergänzen!

Der Duft des Waldes

Während der Nacht muss es einen leichten Schneefall gegeben haben. Am Morgen zeigt sich die Natur in einen hauchdünnen, weißen Mantel gehüllt.

Es ist nicht viel an weißer Pracht, aber für uns ist es die schönste Aufforderung zu einem Spaziergang. Die Kinder beschließen einen Rucksack mitzunehmen. Zum einen, um auf Schatzsuche zu gehen und zum anderen, um den Vögeln im Wald auch ein Säckchen mit Erdnüssen zu bringen. Es dauert noch eine gewisse Zeit, bis alles verpackt ist und auch jeder mit Mütze und Handschuhen bestückt ist. Draußen erscheint alles still, bis uns ein Fasan entdeckt und laut rufend in einer Hecke verschwindet. Weit ziehen sich die frostigen Felder hin, aber kurz darauf haben wir das Waldstück erreicht. Weich federt das Moos unter den Stiefeln. Die Luft ist noch kälter und feuchter, aber es duftet nach Waldboden, nach Holz und Harz. Die Kinder schauen mich erwartungsvoll an. Hier ist unsere winterliche Bühne für viele weihnachtliche Geschichten und sie können es kaum erwarten, dass ich wieder etwas erzähle. Am Vorabend haben wir Astrid Lindgrens „Tomte Tummetott" gelesen, eine Geschichte, die in der Adventszeit einfach nie fehlen darf. „Niemand hat ihn je gesehen", heißt es darin über den Wichtel mit der roten Mütze und dem weißen Rauschebart. Nun, wir entdecken auch bei unserem heutigen Streifzug keine Schneespuren von ihm. Aber es gibt andere Fundstücke: bauschige, silbergrüne Flechten zum Dekorieren der Weihnachtskrippe. Und ein leeres Vogelnest.

In der Natur unterwegs

ENTDECKT & GESAMMELT	WALD & FLUR	GARTEN
Zweige mit Flechten	○	○
Zweige zum Biegen	○	○
Rindenstücke	○	○
Zapfen	○	○
Trockenes Buschwerk	○	○
Samenstände	○	○
Winterblüten	○	○
Moos	○	○
Flechten	○	○
Federn	○	○
Verlassene Vogelnester	○	○
Steine	○	○
	○	○
	○	○
	○	○

19. Dezember

Die Winterschönheiten erst mit Bleistift leicht vorskizzieren, danach mit einem Fineliner final zeichnen und mit Aquarellfarben kolorieren. Dabei Lichtpunkte frei lassen. Weitere Tipps zum Malen mit Aquarellfarben findest du auf Seite 9.

19. *Dezember*

Nimm dir Zeit, deine Schätze genau zu betrachten. Erst beim genauen Hinsehen zeigen sich die Feinheiten der Fundstücke.

19. Dezember

„Deck the Halls with Boughs of Holly, Fa la la la la, la la la la", heißt es in dem bekannten Christmas Carol. Holly, also Stechpalme, und anderes Weihnachtsgrün sind auch wunderschön zu zeichnen und kolorieren.

19. Dezember

Jede Zeichnung erzählt auch eine Geschichte, wie ein Tagebuch aus der Natur …

DRESSING UP
Charles Edward Perugini
Öl auf Leinwand
Privatsammlung

Wovon wir träumen

EIN PLÄDOYER FÜR FESTLICHE MODE

Das Zimmer füllt sich mit Sternen. Wir verwandeln es kurz vor dem Fest in ein weihnachtliches Zauberland. Und wir selbst? Wovon träumen wir? In welchem Look sehen wir uns, wenn wir die weihnachtliche Bühne betreten? Das Bedürfnis nach Festlichkeit ist sehr individuell. Beglückend ist es, ein Gespür für den ganz eigenen Stil herauszufinden.

Stöbern wir doch gemeinsam in der Requisite und öffnen dabei die Türen zur Welt der Mode und der Kostüme. Manchmal kann es einfach nur schön sein, sich in Kleider hineinzufantasieren. Das Kino ist ein guter Ort dafür. Bei Greta Gerwigs Neuverfilmung von „Little Women" nach der Romanvorlage von Louisa May Alcott ist es vor allem das hinreißende Kostümdesign der Oscarpreisträgerin Jacqueline Durran, das uns augenblicklich in den Bann zieht. Durran ließ sich bei ihren Entwürfen von Fotografien und Kunstbildern der 1860er Jahre inspirieren und erstellte ein Moodboard. Die Farben und Strukturen der ausgesuchten Stoffe spielten dabei eine wichtige Rolle. Den vier March-Schwestern, um ihren Lebensweg geht es in diesem Film, ordnete sie jeweils eine weit gefasste Farbpalette zu. Rot und Blau für Jo, Grün und Lavendel für Meg, Rosa und Braun für Beth und schließlich ein helles Blau für Amy. Es gelang ihr auf beeindruckende Weise, die unterschiedlichen Charaktere der Schwestern in ihren Kostümen zum Ausdruck zu bringen. Eine Meisterleistung, die für uns eine Schule des Sehens und ein Vergnügen zugleich sind.Das handwerkliche Geschick von Jacqueline Durran erinnert uns auch losgelöst von der Filmwelt an das Wesentliche: Es geht darum, Kleidung zu tragen, die unsere Persönlichkeit zum Strahlen bringt. Und an Weihnachten dürfen wir obendrein noch schimmern, glänzen und glitzern, ganz wie es beliebt. Nicht zu vergessen: Das klassische Weihnachtsrot gehört traditionell zu den Lieblingsfarben der Saison und auch das Schottenkaro zeigt sich überaus festlich!

20. Dezember

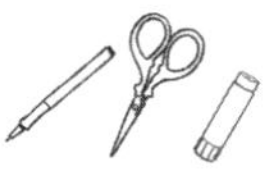

It's time to shine! Ein Moodboard gestalten oder ein festliches Outfit entwerfen ...

Frohe Weihnachten Sophie x

Mit Liebe verpacken

MEIN FUNDUS AN SCHÖNEN PAPIEREN UND BÄNDERN

PERFEKT ZUM SELBST-GESTALTEN

Unbedruckte Papiere

- ○ Packpapier
- ○ Seidenpapier
- ○ Wachspapier
- ○ Einschlagpapier
- ○
- ○
- ○

ÜBERRASCHEND NEU EINGESETZT

Geschenkpapier mal anders

- ○ alte Landkarten
- ○ gesammelte Papiertüten
- ○ Zeitungspapier aus aller Welt
- ○ Tapetenreste
- ○ Vintage-Papier vom Flohmarkt
- ○
- ○

FEIN HERAUSPUTZEN

Stoffbänder lassen sich wieder aufbügeln

- ○ Satinband
- ○ Ripsband
- ○ Samtband
- ○ besticktes Band
- ○ Band mit Drahtverstärkung
- ○ alte Bänder vom Flohmarkt
- ○
- ○

GUT GESCHNÜRT

Schnur und Kordel

- ○ Paketschnur von der Post
- ○ Küchengarn in Rot-Weiß
- ○ Gartenschnur aus Hanf
- ○ Baumwollkordel
- ○ Lederschnur
- ○ Strohschnur
- ○
- ○

Zauberhafte Geschenkanhänger

Bei dieser Bastelidee darf vorher ausgiebig nach Papier gestöbert werden. Ob alte Weihnachtskarten oder dekorative Tapetenreste, alles kann zum Gestalten eingesetzt werden.

ES WERDEN BENÖTIGT:

- 1 Bogen transparentes Papier zum Abpausen
- eine Auswahl an bunten, festen Papieren oder dünner Karton
- Bleistift
- Bastelschere
- Klebstift
- eine Rolle Garn zum Aufhängen
- nach Belieben bunte Perlen

SO GEHT ES:

1. Zuerst das Transparentpapier auf die Muster legen, abpausen und ausschneiden.
2. Für die Weihnachtskugelanhänger das Muster auf festes Papier oder leichten Karton legen, anzeichnen und ausschneiden. Wer möchte, kann auch eigene Formen entwerfen. Hier sind der Fantasie keine Grenzen gesetzt.
3. Besonders ansprechend und leuchtend sehen die Anhänger aus, wenn man für das obere Teil der Kugel eine Komplementärfarbe verwendet. Also zum Beispiel die Kugel in Rot, die Aufhängung in Grün. Beide Teile mit etwas Kleber verbinden, gut festdrücken.
4. Je nach Stärke des Papiers können die Anhänger einfach oder auch doppelt gestaltet werden. Bei den doppelten zwei Kugeln aufeinanderkleben.
5. Zum Befestigen der Anhänger in jede Kugel ein Loch stanzen und ein Band durchziehen.

TIPP:
Besonders festlich sehen die Anhänger aus, wenn in das Band noch eine oder zwei Perlen eingefädelt werden.

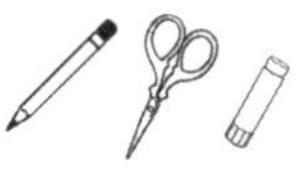

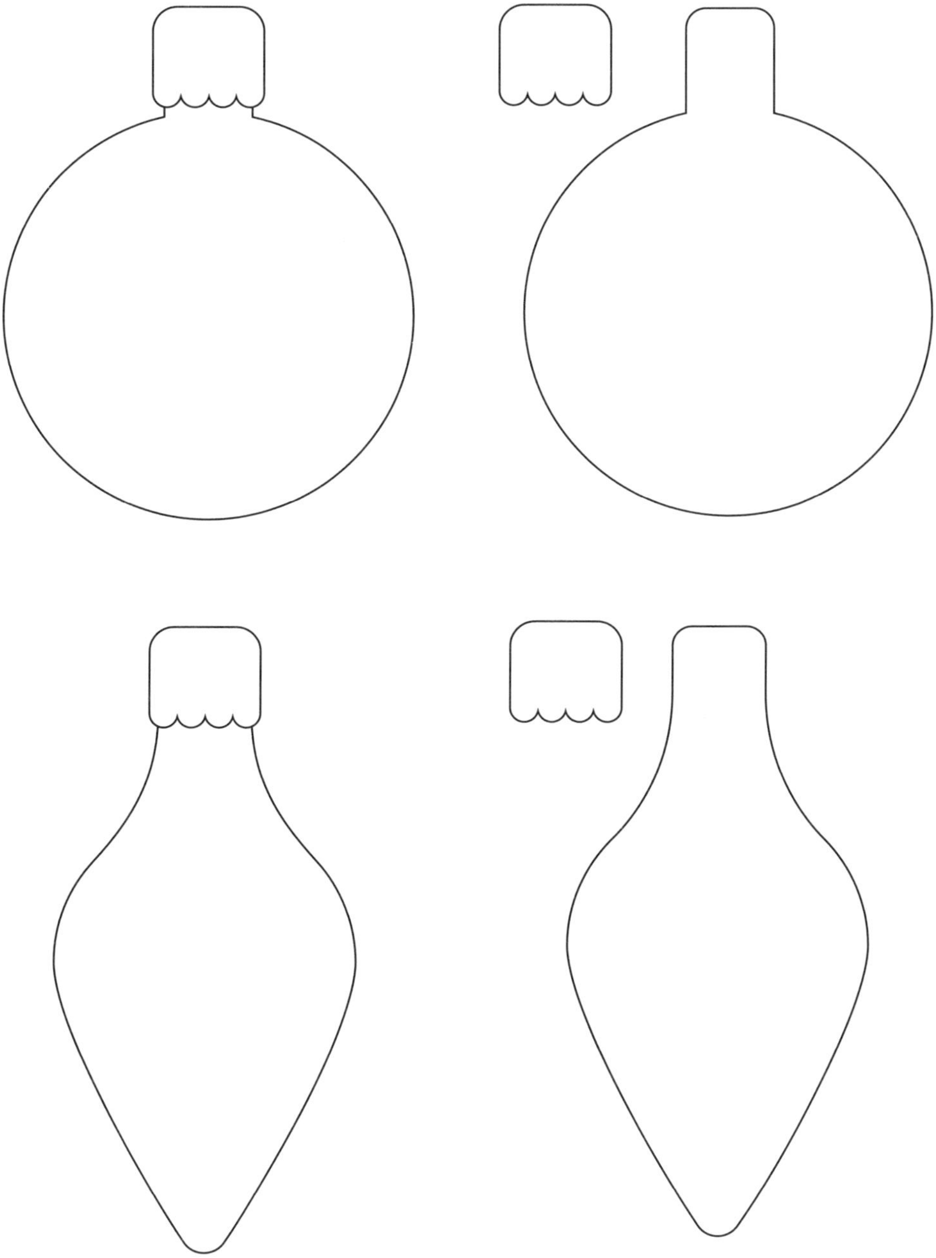

CHILD IN A BLUE SUIT
Jessie Willcox Smith
Öl auf Leinwand
Philadelphia Museum of Art, USA

Der kleine Lord

Cedric wusste nicht, dass er wie ein junger Lord aussah, ja er wusste nicht einmal, was ein Lord ist. Sein bester Freund war der Gemischtwarenhändler an der Ecke – der als mürrisch geltende Krämer, der zu ihm nie mürrisch war. Er hieß Mr. Hobbs, und Cedric bewunderte und verehrte ihn sehr, hielt er ihn doch für einen sehr reichen und mächtigen Mann, denn er hatte so viele Sachen in seinem Laden – Pflaumen und Feigen und Orangen und Kekse – und außerdem ein Pferd und einen Wagen. Cedric mochte auch den Milchmann und den Bäcker und die Apfelfrau, aber Mr. Hobbs mochte er am liebsten. Mit ihm stand er auf so vertrautem Fuß, dass er ihn täglich besuchte und oft eine ganze Weile lang bei ihm saß, um sich mit ihm über die jeweiligen Neuigkeiten zu unterhalten. Es war ganz erstaunlich, wie viele Gesprächsthemen sie entdeckten.

AUS: „DER KLEINE LORD"
von FRANCES HODGSON BURNETT
(1849–1924)

Meine liebsten Weihnachtsfilme

HERZERWÄRMEND
Romantische Komödien

- ○
- ○
- ○
- ○
- ○
- ○

ALLE JAHRE WIEDER
Weihnachtsklassiker

- ○
- ○
- ○
- ○
- ○
- ○

VON GOLDENEN GÄNSEN
Märchen und Kinderfilme

- ○
- ○
- ○
- ○
- ○
- ○

OH, WIE SPANNEND
Winterliche Krimis und Abenteuer

- ○
- ○
- ○
- ○
- ○
- ○

21. Dezember

Berührend! Die schönsten Filmzitate aufschreiben.

Obendrüber, da schneit es

„Heute großer Tannenbaumverkauf" steht mit handgemalten Buchstaben auf ein Holzschild geschrieben.

Es ist Christbaumzeit. Ob auf dem Land oder auf den Märkten in der Stadt, jetzt wird es Zeit, den passenden Baum für das bevorstehende Weihnachtsfest auszusuchen.

In der Dämmerung werden Feuerkörbe angezündet, es gibt Punsch und es duftet nach Bratwurst. Dazwischen immer wieder das aufheulende Geräusch der Motorsäge. Es liegt eine Geschäftigkeit in der Luft, die zu dieser Atmosphäre gehört. Das Aussuchen des Weihnachtsbaums ist manchmal gar nicht so einfach. Zu viele Nordmanntannen, zu viele Blaufichten stehen da nebeneinander und wollen genau begutachtet sein. Sätze wie „Schau mal, der ist schön gewachsen!" oder „Siehst du nicht, dass er ganz schief ist?" sind auf der Tannenbaumplantage zu hören. Hier wird mit dem Zollstock gemessen, dort wird gestikulierend der Baum mit der eigenen Körpergröße verglichen. Es ist wie in einem Film. Aber nur dort gibt es für Unentschlossene eine überraschend romantische Beratung. In „Obendrüber, da schneit es", einem Weihnachtsfilmklassiker nach dem Roman von Astrid Rupert, taucht plötzlich der poetische Gregor auf.

„Der hier passt zu ihnen, der ist besonders schön!", sagt er zu einer jungen Frau, die sich partout nicht entscheiden kann. Sie lächelt überrascht, er lächelt zurück. Und schon nimmt die Romanze ihren Lauf …

Tannengeflüster

Wenn die ersten Fröste knistern
in dem Wald bei Bayrisch-Moos,
geht ein Wispern und ein Flüstern
in den Tannenbäumen los,
ein Gekicher und Gesumm
ringsherum.

Eine Tanne lernt Gedichte,
eine Lärche hört ihr zu.
Eine dicke, alte Fichte
sagt verdrießlich: Gebt doch Ruh!
Kerzenlicht und Weihnachtszeit
sind noch weit!

Vierundzwanzig lange Tage
wird gekräuselt und gestutzt
und das Wäldchen ohne Frage
wunderhübsch herausgeputzt.
Wer noch fragt: Wieso? Warum?
Der ist dumm.

Was das Flüstern hier bedeutet,
weiß man selbst im Spatzennest:
Jeder Tannenbaum bereitet
sich nun vor aufs Weihnachtsfest.
Denn ein Weihnachtsbaum zu sein:
Das ist fein!

JAMES KRÜSS
(1926–1997)

22. *Dezember*

Fichte, Nordmanntanne oder Blaufichte?
Beim Christbaumkauf lassen sich die schönsten Geschichten erzählen ...

Schöner als bei frohen Tänzen

Die stattliche Blaufichte steht im großen Kaminsaal. Auch ohne Schmuck ist sie eine Schönheit.

Ihre Zweige sind zum Schmücken sehr stachelig und fest, aber dafür duftet der ganze Raum nach Bergwald. Die Schachteln mit dem Christbaumschmuck stehen schon bereit. Wenn wir sie gemeinsam öffnen, ist es gerade so, als würden wir hinter die Kulisse unserer weihnachtlichen Festbühne schauen. So viele wunderbare Dinge haben sich im Laufe der Jahre angesammelt. Vorsichtig wickeln wir die Schätze aus dem raschelnden Seidenpapier, öffnen kleine Pappschachteln und legen alles bereit. Die schimmernden Glasvögel sitzen beweglich auf kleinen Spiralen. Der Pfau ist besonders prächtig und auch ein Fasan mit echten Federn zählt zu den Lieblingsstücken. Die roten Glaskugeln stammen aus Lauscha und sind als Basis ganz wichtig. Beim Auswickeln der Holzfiguren aus dem Erzgebirge geht ein munteres Geschichtenerzählen los. Sätze wie „Ich weiß noch genau, wo wir den gefunden haben!" oder „Schau mal, den habe ich auf einem Flohmarkt entdeckt!" sprudeln durch den Raum. Es sind Souvenirs von Weihnachtsmärkten und Schmuck, der von Generation zu Generation weitergegeben wird. Manchmal fehlt hier schon etwas Farbe und dort vielleicht schon ein kleines Detail, aber darüber sehen wir einfach hinweg. Als besonders kostbar empfinden wir die selbstgebastelten Dinge aus unserer Kinderzeit.

Winzige Püppchen in Nussschalen, Engel mit Goldflügeln und Eichhörnchen aus Haselnüssen. Erst wenn sie am Christbaum hängen, wird es wieder Weihnachten bei uns im Haus.

23. Dezember

Es glitzert! Unser Christbaumschmuck kann zauberhafte Geschichten erzählen ...

23. Dezember

Einfach schön gestalten! Zeichne zuerst deinen Weihnachtsbaum. Den Christbaumschmuck kannst du aus unterschiedlichen Geschenkpapieren ausschneiden und einkleben.

Weihnachten

Liebeläutend zieht durch Kerzenhelle,
mild, wie Wälderduft, die Weihnachtszeit.

Und ein schlichtes Glück streut auf die Schwelle
schöne Blumen der Vergangenheit.

Hand schmiegt sich an Hand im engen Kreise,
und das alte Lied von Gott und Christ

bebt durch Seelen und verkündet leise,
daß die kleinste Welt die größte ist.

JOACHIM RINGELNATZ
(1883–1934)

THE CHRISTMAS TREE
Edward Dawson
Privatsammlung

Eine Wintergeschichte

Es war einmal ein Mann. Er besaß ein Haus, einen Ochsen, eine Kuh, einen Esel und eine Schafherde. Der Junge, der die Schafe hütete, besaß einen kleinen Hund, einen Rock aus Wolle, einen Hirtenstab und eine Hirtenlampe.

Auf der Erde lag Schnee. Es war kalt und der Junge fror.
Auch der Rock aus Wolle schützte ihn nicht.
„Kann ich mich in deinem Haus wärmen?“,
bat der Junge den Mann.
„Ich kann die Wärme nicht teilen. Das Holz ist teuer“,
sagte der Mann und ließ den Jungen in der Kälte stehen.
Da sah der Junge einen großen Stern am Himmel.
„Was ist das für ein Stern?“, dachte er.
Er nahm seinen Hirtenstab, seine Hirtenlampe
und machte sich auf den Weg.
„Ohne den Jungen bleibe ich nicht hier“,
sagte der kleine Hund und folgte seinen Spuren.
„Ohne den Hund bleiben wir nicht hier“,
sagten die Schafe und folgten seinen Spuren.
„Ohne die Schafe bleibe ich nicht hier“,
sagte der Esel und folgte ihren Spuren.
„Ohne den Esel bleibe ich nicht hier“,
sagte die Kuh und folgte seinen Spuren.
„Ohne die Kuh bleibe ich nicht hier“,
sagte der Ochse und folgte ihren Spuren.
„Es ist auf einmal so still“, dachte der Mann, der hinter seinem Ofen saß. Er rief nach dem Jungen, aber er bekam keine Antwort.
Er ging in den Stall, aber der Stall war leer. Er schaute in den Hof hinaus, aber die Schafe waren nicht mehr da.
„Der Junge ist geflohen und hat alle meine Tiere gestohlen“,

schrie der Mann, als er im Schnee die vielen Spuren entdeckte.
Doch kaum hatte der Mann die Verfolgung aufgenommen,
fing es an zu schneien. Es schneite dicken Flocken. Sie deckten die Spuren zu. Dann erhob sich der Sturm, kroch dem Mann unter die Kleider und biss ihn in die Haut. Bald wusste er nicht mehr, wohin er sich wenden sollte. Der Mann versank immer tiefer im Schnee.
„Ich kann nicht mehr!“, stöhnte er und rief um Hilfe.
Da legte sich der Sturm. Es hörte auf zu schneien und der Mann sah einen großen Stern am Himmel. „Was ist das für ein Stern?“, dachte er.
Der Stern stand über einem Stall, mitten auf dem Feld. Durch ein kleines Fenster drang das Licht einer Hirtenlampe. Der Mann ging darauf zu. Als er die Tür öffnete, fand er alle, die er gesucht hatte, die Schafe, den Esel, die Kuh, den Ochsen, den kleinen Hund und den Jungen. Sie waren um eine Krippe versammelt. In der Krippe lag ein Kind. Es lächelte ihm entgegen, als ob es ihn erwartet hätte.
„Ich bin gerettet“, sagte der Mann und kniete neben dem Jungen vor der Krippe nieder.
Am andern Morgen kehrten der Mann, der Junge, die Schafe, der Esel, die Kuh, der Ochse und auch der kleine Hund wieder nach Hause zurück.
Auf der Erde lag Schnee. Es war kalt.
„Komm ins Haus“, sagte der Mann zu dem Jungen,
„ich habe Holz genug. Wir wollen die Wärme teilen.“

MAX BOLLIGER
(1929–2013)

Fröhliche Weihnacht überall

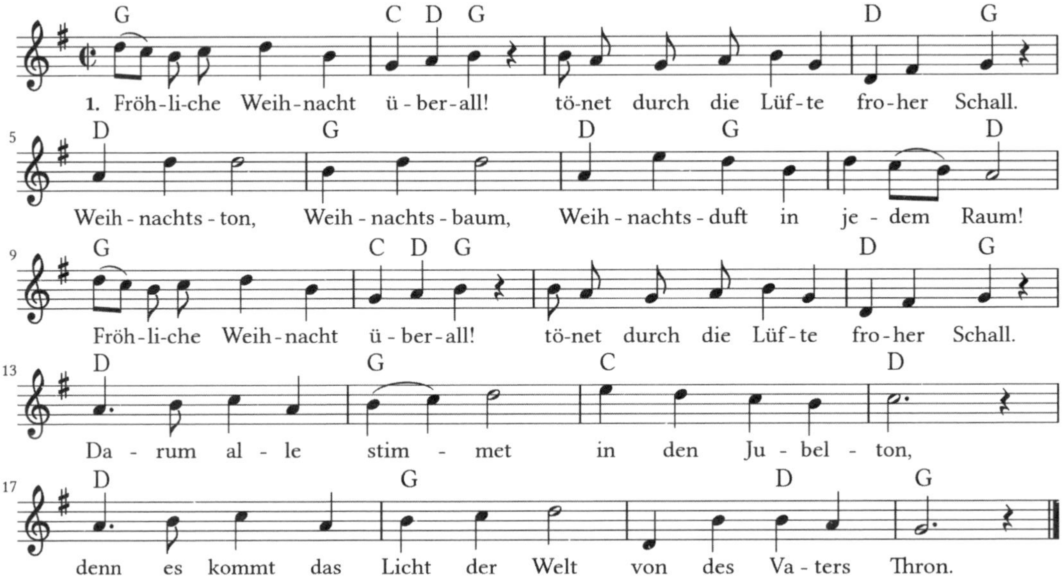

2.
Fröhliche Weihnacht überall!
tönet durch die Lüfte froher Schall.
Weihnachtston, Weihnachtsbaum,
Weihnachtsduft in jedem Raum!
Fröhliche Weihnacht überall!
tönet durch die Lüfte froher Schall.
Licht auf dunklem Wege, unser Licht
bist du; denn du führst, die dir
vertrau'n, ein zu sel'ger Ruh'.

3.
Fröhliche Weihnacht überall!
tönet durch die Lüfte froher Schall.
Weihnachtston, Weihnachtsbaum,
Weihnachtsduft in jedem Raum!
Fröhliche Weihnacht überall!
tönet durch die Lüfte froher Schall.
Was wir andern taten, sei getan für
dich, dass bekennen jeder muss,
Christkind kam für mich.

TEXT: A. H. HOFFMANN VON FALLERSLEBEN
MELODIE: AUS ENGLAND

So lieben wir unser Weihnachtsfest

VON UNVERGESSLICHEN KINDHEITSERINNERUNGEN
UND NEUEN TRADITIONEN

Von Weihnachten erzählen …

24. *Dezember*

Königlicher Safrankuchen

Safran wird auch das rote Gold genannt. Jede Krokusblüte der Art Crocus sativus besitzt drei Safranfäden, die von Hand gepflückt werden.

ZUBEREITUNG: Die Safranfäden fein mörsern und danach kräftig mit dem Zitronensaft verrühren. Die Form einfetten und mit dem Zucker ausstreuen. Den Backofen auf 175 °C (Umluft) vorheizen.

Die Eier und den Zucker mit der Küchenmaschine zu einer hellen Creme aufschlagen. Das Öl und den Safran dazugießen. Mit einem Teigschaber den Joghurt kurz unterrühren. Das Mehl mit dem Backpulver vermischen und gesiebt unter die Creme heben. Den Teig in die Form füllen und in 50 Minuten im heißen Ofen goldbraun backen.

Danach den Kuchen aus der Form lösen und auf ein Kuchengitter setzen. Für den Guss den Safran mörsern und mit dem Zitronensaft vermischen. Die Orangenschale dazugeben, den Guss glatt rühren und über dem Kuchen verteilen.

ZUTATEN
für eine Kastenform (32 x 11x 7cm) oder eine Bundform (Durchmesser 22 cm):

0,2 g Safran (Fäden)
20 ml Zitronensaft
3 Eier
150 g heller Rohrohrzucker
150 ml neutrales Pflanzenöl
250 g griechischer Joghurt (10 % Fett)
300 g Dinkelmehl, Type 630
2 TL Weinsteinbackpulver

FÜR DEN GUSS:
0,1 g Safran (Fäden)
20 ml Zitronensaft
1 Msp. abgeriebene Schale von einer unbehandelten Orange

etwas Butter zum Ausfetten der Form
2 EL Rohrohrzucker zum Ausstreuen der Form

EIN LIEBLINGSREZEPT VON:

ZUTATEN

MENGE

SO WIRD'S GEMACHT:

Königlich frühstücken

Warum das lange, ausgiebige Frühstück ein Weihnachtsglück ist

Das Weihnachtszimmer erinnert an den gestrigen Abend, Heiligabend. Der Raum duftet noch nach einer vertrauten Mischung aus festlichen Gerüchen: Orangen, Zimt und Lebkuchen, aber auch Kerzenwachs, Harz und Tannengrün. Unter dem Christbaum liegen kleine Stapel ausgepackter Geschenke, Briefe und aufgerollte Samtbänder. Sie erzählen vom Glück, wenn sich die Familie zur Bescherung versammelt und noch lange bis spät in die Nacht das schönste aller Feste feiert.

Alle im Haus schlafen noch so tief, als seien sie in einen winterlichen Dornröschenschlaf gefallen. Nach Hause kommen und tief schlafen, auch das ist Weihnachten. Die Zeit scheint stillzustehen.

Irgendwann sind die ersten Stimmen zu hören. Der festliche Tisch wird heute am Weihnachtsmorgen unsere lange Frühstückstafel sein. Allerlei feine Dinge tischen wir auf, die ganz schnell vorbereitet sind. Der warme Obstsalat aus Zitrusfrüchten ist im Handumdrehen gemacht. Die Zimtschnecken werden im Ofen noch einmal kurz aufgebacken. Und für Vorfreude sorgen auch stets die Mitbringsel der Gäste: Besondere Marmeladen, Käse, Pasteten oder ein selbstgebackenes Brot. Alles ist willkommen! Nach und nach trudeln alle ein, die Stimmung ist gelöst und es gibt so viele Geschichten zu erzählen …

Der Duft nach frisch aufgebrühtem Kaffee

WAS WIR ZUM GELIEBTEN WEIHNACHTSFRÜHSTÜCK AUFTISCHEN

SCHNECKE ODER GUGELHUPF?

Süße Dinge gehören dazu

- ○ Frühstücksmuffins
- ○ Kleines Hefegebäck
- ○ Joghurt mit Winterfrüchten
- ○ Bircher Müsli
- ○ Quarkspeise
- ○
- ○
- ○

PIKANTE KÖSTLICHKEITEN

Winterliche Spezialitäten

- ○ Auswahl an Hartkäsen
- ○ Variation von Frischkäsen
- ○ Graved Lachs
- ○ Gemüsesticks mit Dipp
- ○ Vegane Aufstriche
- ○
- ○
- ○

SCHNELL IN DIE PFANNE

Warme Frühstücksgerichte

- ○ Pancakes
- ○ Eierspeisen
- ○ Warmer Obstsalat
- ○
- ○
- ○
- ○
- ○

SCHON VORBEREITET

Feines aus der Vorratskammer

- ○ Selbstgemachtes Granola
- ○ Marmelade
- ○ Chutney zum Käse
- ○ Gewürzte Mandeln und Nüsse
- ○ Sauerteigbrot
- ○
- ○
- ○

25. Dezember

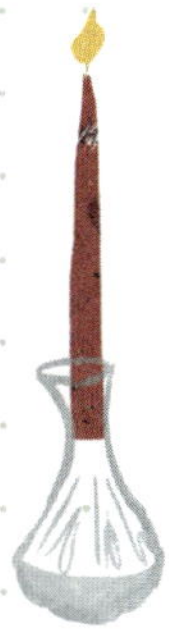

Unser Weihnachtsfrühstück

MRS. COOMBE-TENNANT, JP, AND SONS ALEXANDER AND HENRY
Evan Walters
Öl auf Leinwand
Glynn Vivian Art Gallery, Wales

Winterspiele

Was wollen wir spielen? Wer spielt mit? Beim wem treffen wir uns zum Spieleabend? Diese Fragen zählen unbedingt zu den beliebten weihnachtlichen Traditionen in der Familie und im Freundeskreis. Wenn die Tage kurz sind und die Abende lang, darf gewürfelt werden. Es ist die perfekte Zeit für die klassischen Brettspiele, für spannende Kartenrunden und vertraute und neue Gesellschaftsspiele.

Der häufigste Satz, der bei diesen fröhlich-turbulenten Runden durch das Zimmer tönt? „Du bist dran!" Und ganz wichtig, die glücklichen Worte zum Schluss: „Ich habe gewonnen!" Ein Gewinn ist diese gemeinsam verbrachte Zeit immer, denn ist es ist nicht nur spielen, es ist echte Nähe.

Notizen beim Spielen

Bitte einmal würfeln!

MEINE SPIELESAMMLUNG FÜR KLEINE UND GROSSE RUNDEN

DU BIST AM ZUG!
Brettspiele

○
○
○
○
○
○
○

HAST DU SCHON GEMISCHT?
Kartenspiele

○
○
○
○
○
○
○

BEGEHRTE SCHLOSSALLEE
Klassische und neue Gesellschaftsspiele

○
○
○
○
○
○
○

FANG DEN HUT!
Spiele für Kinder

○
○
○
○
○
○
○

Festliches Topinambursüppchen

Ein kleines Topping sorgt bei dieser Suppe für eine Überraschung.

ZUBEREITUNG: Für das Topping den Topinambur waschen, in sehr dünne Scheiben hobeln und in eine Schüssel geben. Die Schalotte schälen und fein würfeln. Den Zucker mit 20 ml Weißwein in einem Topf schmelzen lassen. Die Schalotte, das Lorbeerblatt und die Nelke hinzufügen, mit dem restlichen Weißwein ablöschen und alles 20 Minuten köcheln lassen. Den Balsamico hinzugießen, einmal aufkochen und den Sud über den Topinambur gießen.

Für die Suppe den Topinambur waschen und klein würfeln. Die Schalotten und den Knoblauch schälen und sehr fein würfeln. Die Butter in einem Topf schmelzen, die Schalotten und den Knoblauch darin andünsten. Den Topinambur dazugeben und kurz mit andünsten. Mit dem Weißwein ablöschen und mit der Brühe aufgießen.

Die Suppe 20 Minuten bei milder Hitze köcheln lassen, bis das Gemüse gar ist. Die Sahne hinzugeben und alles mit dem Mixstab fein pürieren. Zuletzt mit dem Salz und dem Pfeffer abschmecken. Die Suppe wird noch samtiger, wenn sie zusätzlich durch ein Sieb gestrichen wird.

Auf vorgewärmten Tellern anrichten. In die Mitte jeweils ein paar von den marinierten Topinamburscheiben geben.

ZUTATEN
FÜR 4 PERSONEN:

FÜR DAS TOPPING:
100 g Topinambur
1 kleine Schalotte
50 heller Rohrohrzucker
50 ml Weißwein
1 Lorbeerblatt
1 Nelke, ganz
50 ml weißer Balsamico

FÜR DIE SUPPE:
500 g Topinambur
2 Schalotten
2 Knoblauchzehen
50 g Butter
50 ml Weißwein
1 l Gemüsebrühe
150 ml Sahne
1 Prise Meersalz
etwas frisch gemahlener Pfeffer aus der Mühle

TIPP:
Die Suppe am Vortag kochen, kühl stellen und zum Fest nur noch erhitzen und mit der Sahne verfeinern.

EIN LIEBLINGSREZEPT VON:

ZUTATEN

MENGE

- ....
- ....
- ....
- ....
- ....
- ....
- ....
- ....
- ....
- ....
- ....
- ....
- ....

SO WIRD'S GEMACHT:

Winterschlaf

Die Zeit zwischen den Jahren nutzen, um wieder den eigenen, gesunden Schlafrhythmus zu finden.

Nach langen Spaziergängen durch die winterliche Luft nach Hause kommen. In die Sauna gehen. Die Langsamkeit des Winters für den eigenen Takt entdecken. Duftende Kräuter für ein Fußbad auswählen. Ein Zirbenkissen in die Hände nehmen und vom Bergwald träumen.

Jeden Abend ein Wintergedicht lesen. Tagebuch führen. Mit Yoga den Abend ausklingen lassen.

Musik hören und Briefe schreiben. An die Schlafzimmertür lachend das Schild hängen:

„SLEEPING BEAUTY“

27. Dezember

Guter Mond, du gehst so stille …

Die persönlichen Rituale für einen gesunden Schlaf beschreiben.

27. Dezember

Ein Lieblingsgedicht aufschreiben ...

Der erste Schnee

Schnee! Schnee! der erste Schnee!

In großen, wässrigen Flocken, dem Regen untermischt, schlägt er an die Scheiben, grüßend wie ein alter Bekannter, der aus weiter Ferne nach langer Abwesenheit zurückkommt. Schnell springe ich auf und ans Fenster. Welche Veränderungen da draußen! Die Leute, die eben noch mürrisch und unzufrieden mit sich und der Welt umherschlichen, sehen jetzt ganz anders aus. Gegen den Regen suchte jeder sich durch Mäntel und Schirme auf alle Weise zu schützen, dem Schnee aber kehrt man lustig und verwegen das Gesicht zu.

Der erste Schnee! der erste Schnee!

An den Fenstern erscheinen lachende Kindergesichter, kleine Händchen klatschen fröhlich zusammen: welche Gedanken an weiße Dächer und grüne, funkelnde Tannenbäume ...

„Gehorsamster Diener, Herr Professor Niepeguck!
Auch im ersten Schnee?“

„Ärztliche Verordnung!“ brummte der Weise und lächelt herauf zu mir, so gut es Würde und Hypochondrie erlauben.

AUS: „DIE CHRONIK DER SPERLINGSGASSE“
von WILHELM RAABE
(1831-1910)

THE FROZEN DAY
Timothy Easton
Privatsammlung

Schneemänner unter sich

Die Gestaltung der frostigen Gesellen macht auch den Kindern einen Riesenspaß.

ES WERDEN BENÖTIGT:

- 1 Bogen Zeichenpapier
- Kreppband
- Wasserfarben
- 1 Tube Deckweiß
- Pinsel
- kleiner, runder Schwamm
- Fineliner in Schwarz

SO GEHT ES:

Das Papier mit Kreppband rundherum auf der Arbeitsunterlage fixieren. Für den Hintergrund einen sanften Blauton mischen und gleichmäßig mit einem dicken Pinsel quer auftragen. Wenn die Farbe trocken ist, kommt der Schnee hinzu. Dafür etwas Deckweiß mit ein wenig Wasser vermischen und mit Hilfe des Schwamms locker auftupfen. Das geht ganz schnell! Jetzt kommen Daumen und Zeigefinger als Stempel zum Einsatz. Einfach die Fingerkuppe in weiße Deckfarbe drücken und jeweils Kopf und Bauch stempeln. Mit der Pinselspitze weiße Schneeflocken in den Himmel tupfen. Den Schneemännern orangefarbene Karottennasen malen und auch ein paar Punkte zwischen den Flocken nicht vergessen.

Zum Schluss jeweils Gesicht, Arme, Mütze und Knöpfe mit schwarzem Stift ergänzen. Fertig!

Die fröhliche Parade der Schneemänner kann hier weitergehen …

Weiß aufgetupft, das ist ein leichtes Fingerspiel! Wie wäre es noch mit einem weiteren Winterbild?

Der Garten im Winter

„Der für den Winter in den Schlaf gebrachte Garten bietet einen angenehmen Anblick."

So schrieb einst die Gartengestalterin und Schriftstellerin Vita Sackville-West in der Januar-Ausgabe ihrer Kolumne. Den Garten zum Schlafen bringen, diese Worte könnten in das Märchen von Dornröschen passen. Im Küchengarten von Hazelnut House sind die ersten Prinzessinnen schon wieder geweckt. An einer windgeschützten Stelle habe ich dort die Triebe von Schneeglöckchen und Winterlingen durch die frostige Erde spitzen sehen.

Aber diese mutigen Vorboten sind eher ein trügerisches Zeichen. Der Winterschlaf der Natur dauert noch eine lange Zeit, das ist gewiss. Draußen ist das so, drinnen plant die ungeduldige Gärtnerin längst die nächste Saison. Beim Schein der Abendlampe werden die neuen Samenkataloge durchgeblättert, Listen notiert, Beete gezeichnet. Auf dem Schreibtisch liegen in weiße Tütchen verpackt und beschriftet die gesammelten Schätze des vergangenen Jahres.

Die besonders süßen Tomaten von Madame Voisin aus Frankreich, die wunderschöne, recht hohe Tagetes aus dem Garten von Villandry, die Sweet Peas in Pastellfarben aus England. Die winzigen Souvenirs erzählen die Geschichten vom Unterwegssein, vom Flanieren durch fremde Gärten und von Menschen, die mit ähnlicher Leidenschaft dem Gärtnern verbunden sind. Das Tauschen von Saat hat eine lange Tradition und es ist auch ein Stück lebendiger Austausch zwischen den Kulturen. Manchmal ist es auch ein „cutting", ein geschnittener Steckling, der mit auf die Reise geht. Aus Stockholm brachte ich auf diese Weise den Steckling einer Geranie mit. Im Handgepäck in etwas feuchtes Papier gewickelt und zusätzlich in einer kleinen Plastiktüte verstaut, kam er unversehrt zu Hause an. Inzwischen ist dieser Ableger zu einer prächtigen Geranie herangewachsen. Es ist die berühmte Sorte „Mårbacka", benannt nach dem Gutshof von Selma Lagerlöf. Ihre rosa-weiß gefüllten Blüten sind mitten im Winter eine süße Überraschung auf der Fensterbank, während der Garten draußen noch lange schlummert.

29. Dezember

In den Samentütchen steckt schon der Frühling

Notizen für die kommende Gartensaison, Skizzen für neue Beete, Lieblingspflanzen, Umgestaltung, Listen für die Aussaat. Zeit für Garten und Balkonträume.

Plötzlich Prinzessin

WARUM WIR OMAS WEIHNACHTSKAKTUS GERADE NEU ENTDECKEN

Eine alte Eichentreppe führt durch das Haus. Es riecht nach Bohnerwachs. Das leichte Knarren der Stufen ist ein vertrautes Geräusch aus Kindertagen. Auf der ersten Etage fällt das Licht auch im Winter hell durch ein großes Blumenfenster. Auf einer vierbeinigen, hölzernen Säule, die sich nach oben hin verjüngt, steht ein Weihnachtskaktus. In den Wintermonaten hat er hier seinen Platz. „Er gehört zum Haus", sagt meine badische Oma. Wie lange er dort schon steht, weiß niemand ganz genau. Er war einfach schon immer da, jedenfalls in meiner Erinnerung. Den Sommer verbringt er unbeachtet in einem eher schattigen Bereich ihres Bauerngartens. Wenn die Gartensaison sich dem Ende zuneigt und die ersten Fröste nahen, zieht er ins Haus. Zur Weihnachtszeit beginnt er sich zu verwandeln. An seinen grünen, flachen Sprossen sitzen die Knospen, die sich zu magentaroten Blüten öffnen. Bis in den Januar hinein zeigt er sich im Blütengewand. „Du müsstest meinen Weihnachtskaktus sehen, er ist wirklich eine Pracht", schwärmt sie am Telefon. Jedes Jahr wiederkehrend ist diese Pflanze für sie eine pure Freude. „Wenn du möchtest, kann ich dir gern einen Ableger geben, der wächst garantiert!", bietet sie an. Nun, ich muss zugeben, sehr lange habe ich dieses freundliche Angebot nicht wahrgenommen. Der stachellose Kaktus gehörte für mich nur zu ihrem Treppenhaus, zu diesem Fenster aus einer anderen Zeit. Doch plötzlich entdeckte ich ihn während einer Winterreise nach Wales. In einem sehr angesagten veganen Café wurde er präsentiert. Ich war beeindruckt! Auch andere vertraute Zimmerpflanzen aus dem Wohnzimmer der Großeltern sorgten hier für eine wunderschöne Atmosphäre. Eine dunkelgrüne Monstera stand im Raum und von einem Buchregal grüßte die wohlbekannte Grünlilie. Mein Interesse war geweckt.
Ich wollte mehr wissen über Omas Weihnachtskaktus. Schon in viktorianischer Zeit war dieser Winterblüher, sein botanischer Name ist „Schlumbergera", eine begehrte Zimmerpflanze. Sie galt als pflegeleicht und wurde von Generation zu Generation weitergereicht. Dem englischen Pflanzenzüchter Wilbraham Buckley gelang es 1840 durch eine Kreuzung, einen Weihnachtskaktus zu züchten, der pünktlich zur Weihnachtszeit blühte. „True Christmas Cactus" wird er bis heute genannt. Ein kleiner Ableger davon wird demnächst bei mir einziehen.

30. Dezember

Es grünt so grün. Deine Lieblingspflanzen im Zimmer beschreiben.

30. Dezember

Eingetopft! Deine liebsten Zimmerpflanzen zeichnen und mit Aquarell oder Buntstiften kolorieren. Auch als Collage mit unterschiedlichen Papieren lassen sich Blumentöpfe zaubern, einfach wie es dir gefällt!

Unterwegs im Winterwunderland

„The earth has music for those who listen."

Raureif liegt über der Landschaft. Das alte Jahr verabschiedet sich in einem frostigen Zuckermantel. Welch eine Einladung des Winters, um nach draußen zu gehen. Traditionell werden heute viele Leute vor die Tür gehen: Am Abend, um das neue Jahr zu begrüßen, am Morgen, um sich zu einem „Silvesterlauf" zu treffen. Den Jahreslauf mit einem Lauf zu beschließen, das klingt wunderbar und beflügelt meine Gedanken. Ich stelle mir solch eine Aktivität in vielen verschiedenen Varianten vor. Ein Schneeschuhlauf durch einen tiefverschneiten Wald in den Bergen, eine Nordic-Walking-Tour an einem Seeufer entlang oder einen ausgiebigen Spaziergang durch den Park. Alles ist möglich. Und obwohl die Bewegungsabläufe unterschiedlich sind, die Momente des Glücks sind dabei sehr ähnlich.

Der Wind nimmt unsere Gedanken mit und macht uns den Kopf frei. Wir hören uns selbst atmen, spüren den Herzschlag. Nach und nach werden die Schritte gleichmäßiger, wir finden unseren Rhythmus, den eigenen Takt. Unbeobachtet und losgelöst kommt manchmal noch ein Übermut hinzu. Er verwandelt die Laufschritte in Tanzschritte. Die Choreografie ist nicht einstudiert, sie entspringt der Lebensfreude in dieser Sekunde. Vielleicht ein Walzerschritt zum Jahreswechsel? Vielleicht um Mitternacht. Lächelnd schnüre ich meine Joggingschuhe, ziehe die Mütze tiefer ins Gesicht und streife Handschuhe über. Die Luft empfängt mich kalt, aber schon der erste Anstieg den Hügel hinauf sorgt für ein aufkommendes Wärmegefühl. Oben angekommen, halte ich kurz inne, schaue kurz zurück und freue mich auf den Weg, der noch kommt.

Schöne Aussicht

MEINE WÜNSCHE UND TRÄUME FÜR DAS NEUE JAHR

Stern

Jahrelang reiste
eilig das Licht dieses Sterns.
Jetzt trifft's bei mir ein.

JOSEF GUGGENMOS
(1922-2003)

EIN BESUCH IN THERESAS „KLEINEM HOTEL AUF DEM BERG“

Ankommen, aufatmen, die Stille hören und in den Zauber der festlichen Zeit eintauchen.

Unser kleines, neues Hotel liegt inmitten der Natur. Eingebettet in Wiesen, Felder und Wald. Dort, wo uns die Natur Entspannung lehrt. „Kleine Luxemburger Schweiz“ wird diese Gegend im Großherzogtum genannt. Im Dorf Girsterklaus schmiegen sich nur wenige Häuser um eine historische Kapelle. Vis-à-vis von diesem kunstgeschichtlichen Juwel aus der romanischen Zeit empfängt Hazelnut House, Luxembourg's Secret Small Hotel, seine Gäste aus aller Ferne. Ob das kleine „Little Robin“ oder die großzügige „Butterfly Suite“, alle zehn Zimmer bezaubern sofort durch ihre ganz besondere Wohlfühlatmosphäre.

In diesem Jahr wurde das Mullerthal zum UNESCO-Geopark gekürt. Auch in der Winterzeit lädt die atemberaubende Naturlandschaft zu Spaziergängen ein. Draußen unterwegs sein und sich danach im Hazelnut House geborgen fühlen, ob am Morgen zum liebevoll servierten Frühstück oder am Abend zum festlichen Dinner an der langen Tafel.

Im Advent leuchtet der Herrnhuter Stern hell über der Haustür und im ganzen Hotel duftet es nach Tanne und Bienenwachs. Gemeinsam tauchen wir ein in die weihnachtliche Atmosphäre, verabreden uns zur Tea Time im großen Kaminsaal oder backen Früchtebrote in der Küche. Und so rückt der Alltag für eine kleine Auszeit in weite Ferne. Und wie könnte es auch anders sein, mein neues Dezember Journal ist der schönste Reisebegleiter an diesen magischen, so weihnachtlichen Ort, der die Seele berührt und im Herzen bleibt.

Herzlichst, Theresa

welcome@hazelnut-house.com
www.hazelnut-house.com

Team

THERESA BAUMGÄRTNER

Konzept, Texte, Rezepte

Theresa Baumgärtner, 1987 in Hamburg geboren, lebt mit ihrer Familie in Luxemburg. Nach ihrem Masterstudium in Kultur und Wirtschaft folgte sie beruflich ihrem Herzen: Heute ist sie erfolgreiche Kochbuchautorin, schreibt und fotografiert als Kolumnistin für Magazine und arbeitet als freie Moderatorin und Autorin für das Fernsehen. Im Hazelnut House, ihrem Gästehaus im Osten von Luxemburg, zelebriert Theresa Baumgärtner in ihren Workshops eine saisonale und regionale Küche sowie herrlich romantische Dekorationen. Und das Schönste: Sie lädt uns alle auch aus der Ferne dazu ein: Jeden Mittwochabend um 21 Uhr auf Instagram @hazelnut_house_1851 können wir live dabei sein, wenn die strahlende Gastgeberin zu den Themen Küche, Garten und Tischkultur berichtet. Ihre zauberhaften Weihnachtsbücher wurden bisher über 50.000-mal verkauft.

www.theresaskueche.de
www.hazelnut-house.com

LUCIA BAUMGÄRTNER

Art Direktion, Konzept, Texte, Rezepte

1962 in Nordbaden geboren, lebt Lucia Baumgärtner heute südlich von Hamburg und arbeitet seit vielen Jahren als freie Autorin, unter anderem für den NDR. Die Begeisterung für kulinarische Themen trägt sie in ihren Reportagen und Kochbüchern weiter.

KATE SEMPLE

Illustrationen

Kate Semple ist freischaffende Illustratorin und Keramikerin aus Großbritannien. Sie wohnt und arbeitet in einem alten viktorianischen Haus in York. Ihre große Passion gilt der Herstellung von eigenen Keramikserien, die sie auch in Ausstellungen erfolgreich präsentiert. Ein weiterer Schwerpunkt ihres künstlerischen Schaffens ist die Arbeit mit Collagen. Dafür kreiert sie eine unglaubliche Vielfalt an Papierdrucken. Für das Dezember Journal hat sie mit viel Begeisterung die stimmungsvollen Illustrationen gestaltet.

katesemple.co.uk

KATHARINA RALSER

Illustrationen der Bastelideen

Die geborene Voralbergerin studierte in Wien und Paris Grafikdesign. Immer auf der Suche nach der idealen Form für den jeweiligen Inhalt experimentiert sie mit vielen Techniken.

www.katharinaralser.at

ELIZABETH HARBOUR

Illustration Lucia-Karte

Elizabeth Harbour lebt mit ihrer Familie in Kent und liebt es, Ideen zu entwickeln und mit Hilfe unterschiedlichen Techniken und Materialien in Form zu bringen. Sie studierte Illustration am Royal College of Art und arbeitet als freischaffende Künstlerin unter ihrem eigenen Label Elizabeth Harbour Designs.

elizabethharbour.co.uk

JEANNETTE MOKOSCH

Kalligrafie

Die Kalligrafiekünstlerin und Autorin Jeannette Mokosch lebt in der Lüneburger Heide und hat ihre Leidenschaft 2015 zum Beruf gemacht. Neben Kursen, Onlineworkshops und Designaufträgen liebt sie mutmachende Worte, die sich auch in ihren Produkten und Büchern widerspiegeln.

jeannettemokosch.com

ANNA HAERDTL

Grafische Gestaltung

Anna Haerdtl lebt mit ihrer Familie nah an Graz, zwischen zwei Wäldern, mitten in der Natur. Nach abgeschlossenem Informationsdesign Studium liegt ihre Passion im Editorial-, Corporate- und Package Design, jeweils mit starkem Fokus auf der Herausarbeitung inhaltlicher Besonderheiten.

www.bureau-ao.com

Für alle, die Sternenstaub lieben!

BACKEN IN DER WINTERZEIT

Theresa Baumgärtner öffnet ihre Winterbackstube und verrät uns ihre liebsten Rezepte vom Land, von der Küste, aus den Bergen und der Stadt. Sie gibt Dekorationsideen und lädt mit ihren Geschichten zum Träumen ein.

ISBN 978-3-7106-0098-2

WEIHNACHTEN

Weihnachten: Für die leidenschaftliche Köchin und Bäckerin Theresa Baumgärtner die schönste Zeit des Jahres. Inspirationen sammelt sie auf ihren Reisen nach Edinburgh und in den Schwarzwald und nimmt sie schließlich mit nach Hause.

ISBN 978-3-7106-0332-7

WUNDERVOLLE WEIHNACHTSBÄCKEREI

Märchenhaft inspiriert durch die Ballettstücke „Nussknacker“ und „Schwanensee“ reist die Fernsehköchin Theresa Baumgärtner ins vorweihnachtliche Allgäu. Die Landschaft rund um das Schloss Neuschwanstein präsentiert sich wie eine schneebestäubte romantische Winterbühne.

ISBN 978-3-7106-0473-7

WUNDERVOLLE WEIHNACHTSKARTEN ZUM VERSCHENKEN

Kerzen anzünden, Tee aufgießen und Weihnachtskarten schreiben, das sind wunderbar entspannte und schöne Rituale in der festlichen Zeit. Und mit den Illustrationen der bekannten englischen Künstlerin Clare Melinsky macht das Schreiben besonders viel Freude! Jedes Motiv ist in ihrem kleinen Atelier in Schottland entstanden und erzählt von der handwerklichen Kunst des Linoldruckes.

ISBN 978-3-7106-0574-1

WINTERGRÜN UND STERNANIS - VOM SCHMÜCKEN UND KOCHEN IN DER FESTLICHEN ZEIT

In Theresa Baumgärtners Winterwerkstatt duftet es nach Harz und Moos, nach Bratäpfeln und Zimtherzen. Sie gestaltet zauberhafte Kränze aus Koniferengrün und getrockneten Blüten, zeigt uns wunderschöne Papiersterne, goldene Girlanden und verrät uns himmlische und zugleich einfache Rezepte für die weihnachtliche Zeit.

ISBN 978-3-7106-0547-5

Register

REZEPTE

BASTELN & HANDWERK

POESIE

GESCHICHTEN

KUNST

LIEBE LESER*INNEN,
wir sagen Danke, dass wir Sie auf Ihrer Lesereise begleiten durften.

Viele weitere Abenteuer, aufregende Geschichten, unverwechselbare Geschenkideen finden Sie auf unserem Abenteuerspielplatz
WWW.BRANDSTAETTERVERLAG.COM

Bleiben wir in Verbindung!

Wir freuen uns auf Ihre Anregungen, Wünsche und Kritiken.
LESERBRIEF@BRANDSTAETTERVERLAG.COM

Christian Brandstätter Verlag GmbH & Co KG
Wickenburggasse 26, 1080 Wien
Tel: (0043) 1 5121543256

TEILEN MACHT FREUDE!
#dezemberjournal #theresasweihnachten #sternenstaub

1. AUFLAGE 2022

Papier: EOS Sonderextraweiß 115gr, 1,5fach Vol.
Designed in Austria, printed in the EU
ISBN 978-3-7106-0654-0

Konzept, Texte, Rezepte: Theresa Baumgärtner
Art Direktion, Konzept, Texte, Rezepte: Lucia Baumgärtner
Illustrationen: Kate Semple
Illustrationen Icons und Bastelideen: Katharina Ralser
Kalligrafie: Jeannette Mokosch
Design Lucia Karte: Elizabeth Harbour
Grafische Gestaltung: Anna Haerdtl, Bureau A/O
Lektorat: Elisabeth Hunger
Projektleitung Brandstätter Verlag: Stefanie Neuhart & Alexandra Traxler

WIR TRAGEN VERANTWORTUNG
Der Inhalt dieses Buchs wurde auf hochwertigem, FSC®-zertifizierten Naturpapier gedruckt. Dieses Papier trägt darüber hinaus ein Zertifikat auf dem Cradle to Cradle Certified® Silver Level.
Das Forest Stewardship Council® ist eine internationale Nichtregierungsorganisation, die weltweit eine umweltfreundliche, sozial gerechte und wirtschaftlich tragfähige Bewirtschaftung der Wälder fördert. Cradle to Cradle® zielt auf ein ökologisch verträgliches Wirtschaften in sich wiederholenden Rohstoff-Produkt-Kreisläufen ab. Für die Druckproduktion und Endfertigung wurde auf umweltfreundliche, ressourcenschonende und schadstofffreie Produktionsweisen und Materialien geachtet. Die Druckerei ist FSC® und PEFC™-zertifiziert, regelmäßige Audits erfolgen im Rahmen der internationalen Umweltmanagementnorm ISO 14001 (Nr. 35025/C/0001/UK/En). Diese international anerkannten, unabhängigen und regelmäßig überprüften Standards gewährleisten eine umweltgerechte, sozial verträgliche, nachhaltige und ökonomisch tragfähige Nutzung entlang der gesamten Wertschöpfungskette Holz, vom Baum bis zum Buch.

WIR DANKEN DEN RECHTEINHABERN FÜR DIE FREUNDLICHE ABDRUCKGENEHMIGUNG:

Mascha Kaléko: Der Sternanzünder; aus: Hg.: Zoch-Westphal, Gisela, Die paar leuchtenden Jahre, 2003 © dtv Verlagsgesellschaft mbH & Co. KG

Fredrik Vahle: Das Gewicht der Schneeflocke; aus: Hg: Gesine Dammel, Die schönsten Wintermärchen, 2018 © Insel Taschenbuch Suhrkamp

Wilhelm Raabe: Der erste Schnee; aus: Hg: Sheila Pickles, Weihnachten, übersetzt von Angelika Koller (Ars Edition), 1995 © Penhaligon UK

Frances Hodgson Burnett: Der kleine Lord; aus: Projekt Gutenberg

Christian Morgenstern: Die drei Spatzen; aus: Ich schenk dir was, Weihnachtsgedichte für Kinder von Reclam, 2013, Reclam

Selma Lagerlöf: Die wunderbare Reise des Nils Holgersson; aus: Projekt Gutenberg

Max Bolliger, Eine Wintergeschichte aus: ders., Wunder geschehen ganz leise © 2017 Verlag am Eschbach ein Unternehmen der Verlagsgruppe Patmos in der Schwabenverlag AG, ISBN 978-3-86917-566-9, www.verlag-am-eschbach.de

Hans Christian Andersen: Frau Dezember; aus: Hg: Sheila Pickles, Weihnachten, übersetzt von Angelika Koller (Ars Edition), 1995 © Penhaligon UK

A.H. Hoffmann von Fallersleben: Fröhliche Weihnachten überall

Josef Guggenmos: Am 4. Dezember (Geh in den Garten); aus: Ich schenk dir was, Weihnachtsgedichte für Kinder von Reclam, 2013, Reclam ©Verlagsgruppe Beltz

Albert Sergel: Nüsseknacken; aus: Ich schenk dir was, Weihnachtsgedichte für Kinder von Reclam, 2013, Reclam

Hedwig Haberkern: Schneeflöckchen, Weißröckchen

Josef Guggenmos: Stern; aus: Ich schenk dir was, Weihnachtsgedichte für Kinder von Reclam, 2013, Reclam ©Verlagsgruppe Beltz

Joachim Ringelnatz, Weihnachten, aus: Ich schenk dir was, Weihnachtsgedichte für Kinder von Reclam, 2013, Reclam

James Krüss: Tannengeflüster © Verlagsgruppe Penguin Random House, München

ABBILDUNGSNACHWEIS:

The Frozen Day u. Against the Slope © Timothy Easton

Robin Redbreast © Fred Cuming. Courtesy of the late Manya Igel

The Christmas Tree Photo © Christie's Images

Child in a Blue Suit (Portrait of Henry P. McIlhenny) © Philadelphia Museum of Art / The Henry P. McIlhenny Collection in Memory of Frances

A mother and her children reading a book © British Library Board.

The Christmas Tree © Edward Dawson.

Mrs. Coombe-Tennant, JP, and Sons Alexander and Henry: Glynn Vivian Art Gallery

Dressing Up: Bridgeman Images

Winter Flowers © Francis Hamel

(alle Bilder von Bridgeman Images)

Nikolaus Postkarte S. 38: http://www.mazaika.com/postcard/moroz3.htm

Vogel Cover: creativemarket.com @Tabitazn;
Mistelzweig Cover: creativemarket.com @Designwork

Icons und Bastel Illustrationen S. 4, 14-15, 84-88, 91, 92: Katharina Ralser

Lucia Karte S. 77: Elizabeth Harbour

Karten-Illustration S. 186: Wald & Schwert Studio

Alle übrigen Illustrationen und Spot-Illustrationen: Kate Semple